BESTACTIVITYBOOKS.COM

PRIMA EDIZIONE 2022

Illustrazione Grafica Extra: www.freepik.com
Grazie a Alekksall, Starline, Pch.vector, Rawpixel.com, Vectorpocket, Dgim-studio, Upklyak, Macrovector, Stockgiu, Pikisuperstar & Freepik.com Designers

Scoprire i Giochi Gratuiti Online

Disponibile Qui:

BestActivityBooks.com/FREEGAMES

5 CONSIGLI PER INIZIARE

1) COME RISOLVERE LE PAROLE INTRECCIATTE

I puzzle hanno un formato classico:

- Le parole sono nascoste senza spazi o trattini,...
- Orientamento: Le parole possono essere scritte in avanti, indietro, verso l'alto, verso il basso o in diagonale (possono essere invertite).
- Le parole possono sovrapporsi o intersecarsi.

2) APPRENDIMENTO ATTIVO

Accanto ad ogni parola c'è uno spazio per scrivere la traduzione. Per incoraggiare l'apprendimento attivo, un **DIZIONARIO** alla fine di questa edizione vi permetterà di controllare e ampliare le vostre conoscenze. Cerca e scrivi le traduzioni, trovale nel puzzle e aggiungile al tuo vocabolario!

3) SEGNARE LE PAROLE

Puoi inventare il tuo sistema di segni. Forse ne usi già uno? Per esempio, puoi segnare le parole difficili da trovare con una croce, le parole preferite con una stella, le parole nuove con un triangolo, le parole rare con un diamante, e così via.

4) STRUTTURARE L'APPRENDIMENTO

Questa edizione offre un **TACCUINO** alla fine del libro. In vacanza, in viaggio o a casa, puoi organizzare facilmente le tue nuove conoscenze senza bisogno di un secondo quaderno!

5) AVETE FINITO TUTTE LE GRIGLIE?

Nelle ultime pagine di questo libro, nella sezione della **SFIDA FINALE**, troverete un gioco gratuito!

Facile e veloce! Dai un'occhiata alla nostra collezione di libri di attività per il tuo prossimo momento di divertimento e **apprendimento,** a portata di clic!

Trova la tua prossima sfida su:

BestActivityBooks.com/MioProssimoLibro

Ai vostri posti, pronti...Via!

Sapevi che ci sono circa 7.000 lingue diverse nel mondo? Le parole sono preziose.

Amiamo le lingue e abbiamo lavorato duramente per creare libri di altissima qualità. I nostri ingredienti?

Una selezione di argomenti adatti all'apprendimento, tre buone porzioni di intrattenimento, una cucchiaiata di parole difficili e una spolverata di parole rare. Li serviamo con amore e entusiasmo in modo che tu possa risolvere i migliori giochi di parole e divertirti imparando!

La vostra opinione è essenziale. Puoi partecipare attivamente al successo di questo libro lasciandoci un commento. Ci piacerebbe sapere cosa ti è piaciuto di più di questa edizione.

Ecco un link veloce alla pagina dell'ordine:

BestBooksActivity.com/Recensione50

Grazie per il vostro aiuto e buon divertimento!

Tutta la squadra

1 - Salute e Benessere #2

M	A	N	W	H	J	B	E	C	E	L	U	R	Z	S
T	A	B	E	H	G	L	W	S	W	Y	D	Y	G	J
D	K	T	S	O	K	O	I	P	J	U	I	E	H	U
O	S	M	S	I	L	D	U	R	G	U	U	A	Z	K
M	I	V	A	M	A	N	C	R	X	I	K	F	V	D
A	R	I	P	O	Ä	R	Y	L	D	S	T	H	H	O
S	F	K	T	T	L	L	E	N	E	R	G	I	U	M
S	K	T	I	A	I	W	T	G	N	N	N	G	T	S
A	W	A	T	N	I	A	I	N	K	M	C	R	E	U
G	B	G	L	A	K	W	D	E	I	G	M	E	R	D
E	N	P	P	O	R	K	D	I	T	N	I	L	N	E
S	W	V	V	I	R	V	P	G	E	I	G	L	G	N
F	D	F	C	C	P	I	U	Y	N	R	W	A	M	Y
V	I	T	A	M	I	N	E	H	E	Ä	T	W	I	D
U	T	T	O	R	K	N	I	N	G	N	T	W	N	B

ALLERGI
ANATOMI
APTIT
KALORI
KROPP
KOST
MATSMÄLTNING
UTTORKNING
ENERGI
GENETIK
HYGIEN
SJUKDOM
MASSAGE
NÄRING
SJUKHUS
VIKT
BLOD
FRISKA
VITAMIN

2 - Aggettivi #2

D	L	A	M	R	O	N	Z	U	T	S	H	P	A	B
R	M	N	U	J	M	E	O	Z	P	A	U	R	U	E
A	K	S	I	R	F	J	J	U	Z	L	N	O	T	S
M	A	V	J	K	N	S	R	R	K	T	G	D	E	K
A	I	A	A	L	X	K	K	L	N	O	R	U	N	R
T	F	R	X	O	B	Ä	K	R	T	U	I	K	T	I
I	W	I	G	C	A	N	P	N	E	Y	G	T	I	V
S	H	G	C	W	D	D	S	R	P	A	S	I	S	A
K	Z	X	F	R	J	W	M	S	T	V	T	V	K	N
Y	F	X	W	M	H	Z	K	Ö	J	O	X	I	V	D
N	A	T	U	R	L	I	G	T	O	L	R	T	V	E
S	T	O	L	T	S	T	A	R	K	D	I	R	K	I
F	I	N	T	R	E	S	S	A	N	T	O	L	M	K
Z	G	K	E	L	E	G	A	N	T	Y	Y	T	S	N
U	B	E	N	R	N	Y	G	H	G	S	A	M	Z	U

HUNGRIG
TORR
AUTENTISK
KREATIV
BESKRIVANDE
SÖT
DRAMATISK
ELEGANT
KÄND
STARK
INTRESSANT
NATURLIG
NORMAL
NY
STOLT
PRODUKTIV
REN
ANSVARIG
SALT
FRISKA

3 - Ingegneria

M	Ä	T	N	I	N	G	S	D	X	X	V	D	S	X
J	M	A	M	P	G	N	N	T	A	V	Ä	I	T	L
A	X	E	L	Z	A	I	G	L	F	B	T	A	Y	K
J	M	B	E	R	Ä	K	N	I	N	G	S	M	R	G
D	P	Y	V	X	Z	S	S	A	E	V	K	E	K	S
X	J	A	X	U	U	A	E	D	E	Z	A	T	A	T
N	D	U	C	F	K	M	K	Y	E	Y	Z	E	O	A
N	J	K	P	V	T	X	C	R	H	R	Z	R	M	B
D	I	E	S	E	L	E	K	N	I	V	S	D	O	I
S	T	R	U	K	T	U	R	R	T	M	E	I	T	L
D	I	S	T	R	I	B	U	T	I	O	N	A	O	I
K	O	N	S	T	R	U	K	T	I	O	N	G	R	T
R	O	T	A	T	I	O	N	V	E	W	M	R	X	E
F	R	A	M	D	R	I	V	N	I	N	G	A	I	T
E	E	N	E	R	G	I	R	B	M	D	R	M	B	P

VINKEL
AXEL
BERÄKNING
KONSTRUKTION
DIAGRAM
DIAMETER
DIESEL
DISTRIBUTION
ENERGI
STYRKA
REDSKAP
VÄTSKA
MASKIN
MÄTNING
MOTOR
DJUP
FRAMDRIVNING
ROTATION
STABILITET
STRUKTUR

4 - Archeologia

P	M	S	O	U	Y	Ä	Z	Y	O	N	T	X	Z	W
R	Y	Y	K	R	J	T	C	S	E	B	T	E	A	M
O	S	K	Ä	D	C	T	I	D	X	E	J	P	R	I
F	T	B	N	L	B	L	V	A	R	G	S	E	E	G
E	E	G	D	E	A	I	I	R	Y	B	F	F	K	T
S	R	N	A	P	B	N	L	A	N	A	L	Y	S	T
S	I	I	M	M	I	G	I	A	F	O	J	W	Z	R
O	U	R	C	E	M	E	S	C	N	K	L	L	J	E
R	M	E	B	T	V	R	A	X	R	T	K	Z	M	P
E	B	D	E	C	P	A	T	W	K	M	I	G	K	X
K	E	R	A	M	I	K	I	C	M	Ö	L	K	U	E
L	D	Ä	Y	Z	Z	S	O	R	U	L	E	X	E	C
K	X	V	R	F	Y	R	N	J	M	G	R	O	B	N
U	I	T	L	O	U	O	F	F	O	S	S	I	L	Z
N	R	U	J	Z	D	F	E	A	W	E	A	T	U	J

ANALYS
ANTIKEN
KERAMIK
CIVILISATION
GLÖMT
ÄTTLING
ERA
EXPERT
FOSSIL
MYSTERIUM

OBJEKT
BEN
PROFESSOR
RELIK
FORSKARE
OKÄND
TEAM
TEMPEL
GRAV
UTVÄRDERING

5 - Salute e Benessere #1

C	H	T	L	S	I	Z	I	Y	X	E	B	A	K	F
Z	X	Å	C	Ä	G	E	I	R	E	T	K	A	B	R
L	L	H	L	C	K	I	N	I	L	K	F	M	S	A
I	V	M	M	L	P	A	U	Z	F	A	S	L	P	K
V	I	R	U	S	N	L	R	T	E	R	A	P	I	T
A	N	H	P	B	X	I	E	E	R	H	G	J	T	U
S	V	I	T	K	A	W	N	B	L	N	Y	E	B	R
V	M	K	T	E	F	L	O	G	Z	N	U	F	U	K
A	U	M	O	L	R	N	M	M	E	D	I	C	I	N
P	S	S	V	P	X	Y	R	P	Z	J	F	J	V	D
O	K	H	S	V	P	F	O	F	Z	Ö	Z	B	P	N
T	L	V	A	N	A	L	H	S	T	H	A	J	D	Z
E	E	Y	E	L	P	R	I	G	T	D	S	I	R	H
K	R	A	Y	J	D	P	K	N	H	U	N	G	E	R
N	E	R	V	E	R	T	V	N	G	H	E	E	A	X

VANA
HÖJD
AKTIV
BAKTERIE
KLINIK
HUNGER
APOTEK
FRAKTUR
MEDICIN
LÄKARE
MUSKLER
NERVER
HORMONER
HUD
HÅLLNING
REFLEX
AVKOPPLING
TERAPI
VIRUS

6 - Aggettivi #1

A	G	X	S	G	G	K	B	W	T	U	N	G	Z	E
Y	K	P	L	Å	N	G	S	A	M	R	O	N	E	A
F	S	T	N	Z	Å	I	A	I	L	G	Y	U	G	M
U	I	M	I	X	L	L	E	B	T	V	I	T	I	B
M	T	Z	S	V	R	R	L	R	S	O	S	F	L	I
M	N	N	U	T	N	Ä	K	X	C	O	X	U	R	T
P	E	F	S	T	O	R	D	E	X	G	L	E	Ä	I
D	D	G	G	E	N	E	R	Ö	S	C	L	U	N	Ö
W	I	U	I	H	R	Z	U	S	P	J	U	X	T	S
C	B	M	T	K	E	F	R	E	P	H	F	T	S	D
R	R	F	K	M	D	K	C	P	K	N	E	F	N	D
V	O	L	I	P	O	J	S	Y	L	S	D	F	O	V
D	O	A	V	Z	M	L	V	F	D	H	R	U	K	D
A	R	O	M	A	T	I	S	K	W	J	Ä	N	O	C
P	A	L	O	T	M	C	N	D	K	D	V	H	I	G

AMBITIÖS
AROMATISK
KONSTNÄRLIG
ABSOLUT
AKTIV
ENORM
EXOTISK
GENERÖS
UNG
STOR

IDENTISK
VIKTIG
LÅNGSAM
LÅNG
MODERN
ÄRLIG
PERFEKT
TUNG
VÄRDEFULL
TUNN

7 - Geologia

P	R	H	H	G	P	L	Y	K	W	L	T	V	S	W
Y	P	K	W	G	G	A	K	O	O	G	W	T	R	I
F	Z	J	U	N	P	V	V	J	T	R	Z	C	E	U
F	O	S	S	I	L	A	A	S	I	Z	A	S	G	T
A	R	F	J	N	L	C	R	T	T	O	T	L	A	S
S	S	K	M	V	B	T	T	E	K	Å	T	A	L	P
O	K	L	E	Ä	L	F	S	N	A	Y	O	C	P	X
S	B	H	D	B	E	B	X	P	L	F	R	N	U	P
E	F	P	B	D	T	I	V	H	A	D	G	S	L	A
V	R	J	D	R	K	R	I	S	T	A	L	L	E	R
U	B	O	C	O	A	S	I	P	S	L	X	B	S	K
L	R	E	S	J	E	G	Y	K	A	L	C	I	U	M
K	K	V	J	I	S	Y	J	R	B	L	P	M	R	G
A	M	D	D	R	O	R	E	L	A	R	E	N	I	M
N	J	J	O	M	T	N	E	N	I	T	N	O	K	Y

SYRA
PLATÅ
KALCIUM
GROTTA
KONTINENT
KORALL
KRISTALLER
EROSION
FOSSIL
GEJSER
LAVA
MINERALER
STEN
KVARTS
SALT
STALAKTIT
LAGER
JORDBÄVNING
VULKAN

8 - Campeggio

P	L	C	O	J	Y	S	Z	T	M	R	S	T	M	M
I	Z	P	A	J	H	K	O	J	A	Y	D	L	W	D
T	L	Ä	T	E	O	O	Y	C	F	E	N	S	P	Ä
A	I	S	T	W	W	G	K	B	A	I	W	G	M	V
Y	L	C	A	N	P	E	O	D	J	U	R	R	N	E
M	O	J	M	T	J	P	M	R	O	L	I	G	T	N
J	P	N	G	V	Ö	W	P	X	Y	J	O	Z	O	T
E	I	D	N	U	A	J	A	G	U	T	S	N	N	Y
E	L	D	Ä	R	T	A	S	J	D	K	C	A	A	R
R	B	L	H	S	T	D	S	D	Y	E	N	T	K	K
O	E	A	M	S	A	C	B	A	U	S	M	U	L	A
E	P	P	F	W	H	A	D	E	G	N	Å	R	J	R
I	X	M	V	E	B	L	P	M	R	I	N	A	A	T
V	X	K	L	V	U	X	C	S	T	G	E	Y	K	A
G	E	L	V	M	Y	S	B	N	O	D	B	C	T	H

TRÄD
HÄNGMATTA
DJUR
ÄVENTYR
KOMPASS
STUGA
JAKT
KANOT
HATT
REP
ROLIGT
SKOG
ELD
INSEKT
SJÖ
MÅNE
KARTA
BERG
NATUR
TÄLT

9 - Tempo

R	Å	R	L	I	G	A	D	D	I	M	O	R	X	K
N	K	X	Å	H	S	I	A	I	W	W	D	M	X	L
T	A	O	D	F	V	U	N	T	I	G	M	O	F	O
J	T	T	Z	G	W	G	Å	M	M	A	K	R	E	C
Y	T	U	T	J	R	W	M	A	Z	G	P	G	W	K
V	E	C	K	A	I	G	Å	R	G	L	N	O	O	A
R	T	G	A	P	J	A	Z	F	I	T	V	N	I	K
Å	R	T	I	O	N	D	E	R	Ö	F	J	O	E	A
T	A	U	Å	R	H	U	N	D	R	A	D	E	F	L
R	N	N	H	I	X	Z	Y	P	Z	W	Z	U	T	E
V	S	I	V	X	B	T	P	E	K	I	J	V	E	N
Z	D	M	T	I	M	M	E	G	Z	D	M	I	R	D
T	U	Y	B	A	B	X	H	Y	E	A	T	H	O	E
K	U	R	H	E	V	S	K	G	A	G	U	Z	L	R
K	Z	H	W	B	Y	L	J	E	I	K	C	U	H	M

ÅR
ÅRLIG
KALENDER
ÅRTIONDE
EFTER
FRAMTID
DAG
IGÅR
MORGON
MÅNAD
MIDDAG
MINUT
NATT
IDAG
TIMME
KLOCKA
SNART
FÖRE
ÅRHUNDRADE
VECKA

10 - Astronomia

N	O	I	T	A	L	L	E	T	S	N	O	K	O	A
D	E	N	Å	M	A	S	T	R	O	N	O	M	B	S
S	A	B	S	U	P	E	R	N	O	V	A	T	S	T
T	A	G	U	G	A	L	A	X	A	D	Z	E	E	R
R	E	L	J	L	S	B	V	E	T	I	F	L	R	O
Å	L	I	X	Ä	O	M	E	T	E	O	R	E	V	N
L	G	I	L	H	M	S	T	V	N	R	R	S	A	A
N	M	S	Y	S	S	N	A	U	A	E	A	K	T	U
I	K	G	M	J	O	G	I	U	L	T	K	O	O	T
N	H	P	R	D	K	M	A	N	P	S	E	P	R	A
G	H	I	M	M	E	L	J	D	G	A	T	T	I	L
E	H	K	S	W	T	X	H	O	C	T	O	D	U	L
U	N	I	V	E	R	S	U	M	R	F	A	Z	M	V
E	E	I	G	E	X	U	P	W	J	D	G	I	M	A
B	P	T	T	T	N	X	L	E	A	Y	R	Z	S	R

ASTEROID
ASTRONAUT
ASTRONOM
HIMMEL
KOSMOS
KONSTELLATION
DAGJÄMNING
GALAX
ALLVAR
MÅNE
METEOR
NEBULOSA
OBSERVATORIUM
PLANET
STRÅLNING
RAKET
SUPERNOVA
TELESKOP
JORD
UNIVERSUM

11 - Algebra

P	W	K	R	N	G	O	D	C	Z	Y	D	W	L	P
V	A	Z	F	I	I	B	A	Y	L	U	T	Y	U	Y
G	M	B	U	R	N	O	L	L	F	C	C	O	S	P
I	R	M	V	C	A	R	F	F	I	S	P	E	Y	R
L	V	A	K	D	T	K	F	Ö	R	E	N	K	L	A
D	V	R	F	N	O	I	T	K	A	R	T	B	U	S
N	A	G	G	U	Y	N	O	I	T	A	V	K	E	M
Ä	R	A	A	B	K	Z	P	K	O	G	L	M	H	A
O	I	I	Z	F	A	K	T	O	R	N	F	Z	E	T
T	A	D	F	E	X	P	O	N	E	N	T	Z	B	R
N	B	S	F	A	L	Ö	S	N	I	N	G	L	O	I
Y	E	O	H	T	L	E	M	R	O	F	R	R	J	S
D	L	O	N	T	G	S	E	T	N	E	R	A	P	B
L	I	N	J	Ä	R	I	K	P	R	O	B	L	E	M
D	I	V	I	S	I	O	N	S	P	Z	B	I	B	Y

DIAGRAM
DIVISION
EKVATION
EXPONENT
FALSK
FAKTOR
FORMEL
FRAKTION
GRAF
OÄNDLIG
LINJÄR
MATRIS
SIFFRA
PARENTES
PROBLEM
FÖRENKLA
LÖSNING
SUBTRAKTION
VARIABEL
NOLL

12 - Mitologia

I	T	J	M	F	D	K	M	L	X	Y	O	G	J	M
X	C	T	F	H	N	R	Z	A	L	J	B	U	G	O
Z	J	A	K	S	Å	I	R	B	G	P	C	D	H	N
G	I	K	A	D	M	G	E	E	O	I	V	O	P	S
A	L	U	D	Ö	P	A	W	T	D	S	S	M	G	T
P	E	J	B	D	X	R	L	E	Ö	K	N	K	K	E
R	Y	S	V	L	V	E	A	E	D	A	B	N	A	R
X	B	T	X	I	L	B	B	N	L	P	N	U	T	F
J	V	R	E	G	A	U	Y	D	I	A	C	M	A	I
L	G	A	T	K	O	O	R	E	G	N	K	G	S	F
E	K	V	L	O	R	F	I	U	H	D	U	U	T	S
G	B	S	Ä	M	H	A	N	B	E	E	L	T	R	P
E	W	I	J	K	U	K	T	C	T	P	T	Y	O	G
N	D	S	H	S	T	Y	R	K	A	X	U	L	F	B
D	H	Ä	M	N	D	T	E	S	L	E	R	A	V	L

ARKETYP
BETEENDE
VARELSE
SKAPANDE
KULTUR
KATASTROF
GUDOM
HJÄLTE
STYRKA
BLIXT
SVARTSJUKA
KRIGARE
ODÖDLIGHET
LABYRINT
LEGEND
MAGISK
DÖDLIG
MONSTER
ÅSKA
HÄMND

13 - Piante

K	E	T	E	K	S	U	B	M	M	O	C	J	I	M
R	R	Ä	B	V	J	F	C	L	O	M	U	N	U	K
E	L	O	L	T	F	V	O	E	O	S	Ä	R	G	Y
V	K	I	N	A	T	O	B	S	B	M	S	D	D	W
V	W	H	O	B	L	G	A	D	U	B	M	A	B	B
Ö	I	B	I	N	L	E	K	Ö	D	G	O	A	G	P
L	B	S	T	F	B	A	D	G	K	F	B	R	W	L
F	K	M	A	G	T	N	D	Ä	R	T	J	O	E	V
P	L	T	T	A	N	Ö	R	G	R	U	M	L	E	C
S	B	L	E	G	U	B	Å	S	T	L	U	F	J	G
E	T	Y	G	X	R	Z	G	O	K	S	Y	W	G	P
T	K	N	E	W	I	P	D	M	C	R	J	C	R	P
A	A	X	V	F	O	T	Ä	X	W	O	M	X	E	W
U	P	B	G	O	I	U	R	K	A	K	T	U	S	Y
V	Ä	X	A	H	F	C	T	O	R	G	B	C	U	G

TRÄD
BÄR
BAMBU
BOTANIK
KAKTUS
BUSKE
VÄXA
MURGRÖNA
GRÄS
BÖNA
GÖDSEL
BLOMMA
FLORA
LÖVVERK
SKOG
TRÄDGÅRD
MOSSA
KRONBLAD
ROT
VEGETATION

14 - Spezie

U	Y	G	R	I	N	G	E	F	Ä	R	A	Z	B	N
G	U	R	K	M	E	J	A	F	H	Y	E	P	L	T
M	L	A	R	F	P	E	T	M	Ä	L	H	L	A	G
L	A	P	F	U	N	L	P	A	A	N	Ö	A	U	X
A	V	P	E	H	C	A	O	A	B	M	K	K	F	B
K	I	E	V	A	N	I	L	J	L	R	A	Å	C	I
R	T	P	K	O	R	I	A	N	D	E	R	I	L	T
I	L	W	V	S	N	H	M	F	A	N	G	U	A	T
T	Ö	G	M	S	I	N	A	K	I	R	P	A	P	E
S	K	M	J	A	M	V	X	V	M	U	C	T	I	R
S	A	L	T	F	M	F	S	V	N	W	X	A	D	N
J	R	G	H	F	U	O	H	J	N	U	R	U	B	A
P	B	G	S	R	K	M	U	S	K	O	T	R	O	C
B	G	Y	X	A	K	A	R	D	E	M	U	M	M	A
A	W	Z	T	N	S	Ö	T	K	A	N	E	L	C	A

VITLÖK
BITTER
ANIS
KANEL
KARDEMUMMA
LÖK
KORIANDER
KUMMIN
GURKMEJA
CURRY
SÖT
FÄNKÅL
LAKRITS
MUSKOT
PAPRIKA
PEPPAR
SALT
VANILJ
SAFFRAN
INGEFÄRA

15 - Numeri

T	I	Z	W	B	O	G	M	F	F	S	F	L	X	T
N	C	P	P	K	U	B	P	V	I	E	V	D	G	O
L	T	J	S	S	E	N	C	D	I	B	M	H	C	L
O	X	X	U	W	N	O	T	R	O	J	F	T	Y	V
S	J	U	T	T	O	N	R	R	T	M	R	S	O	S
O	Y	Y	I	N	T	O	E	A	V	K	Y	J	A	N
J	R	M	I	I	T	T	M	D	Å	A	K	U	A	N
C	F	U	T	O	I	X	E	S	L	R	X	O	A	X
R	N	V	C	K	N	E	I	V	H	T	W	L	L	T
P	V	T	L	I	Z	S	T	A	W	O	L	D	M	O
L	A	M	I	C	E	D	Z	J	H	N	E	L	F	H
N	O	L	L	O	T	K	T	I	U	V	S	H	U	R
T	R	E	T	T	O	N	N	I	Z	G	U	S	N	P
M	Y	G	V	Z	J	U	U	P	M	V	O	S	E	O
F	Y	R	A	T	T	Å	F	E	M	X	R	D	A	X

FEM
DECIMAL
NITTON
SJUTTON
ARTON
TIO
TOLV
TVÅ
NIO
ÅTTA

FJORTON
FYRA
FEMTON
SEXTON
SEX
SJU
TRE
TRETTON
TJUGO
NOLL

16 - Cioccolato

C	F	G	S	C	F	A	K	A	K	A	O	A	J	I
S	U	O	O	E	B	M	S	M	L	W	F	N	O	N
B	V	O	C	I	S	J	I	O	R	O	U	T	R	G
K	A	X	K	S	X	R	T	Ö	S	T	K	I	D	R
K	V	U	E	I	M	X	O	L	E	C	V	O	N	E
A	R	A	R	F	T	T	X	W	F	S	L	X	Ö	D
L	C	J	L	I	H	N	E	E	H	Y	D	I	T	I
O	H	I	S	I	B	I	T	T	E	R	E	D	T	E
R	J	R	J	N	T	P	E	C	E	R	G	A	E	N
I	L	N	S	W	I	E	G	P	N	E	O	N	R	S
E	S	R	W	M	R	D	T	H	L	V	D	T	O	X
R	O	M	C	N	O	F	X	B	Z	L	I	B	F	F
N	K	O	A	P	V	I	K	L	W	U	S	B	V	P
B	O	R	P	K	A	E	W	L	U	P	G	J	K	N
Y	K	A	W	G	F	L	Ä	C	K	E	R	Y	J	M

BITTER
ANTIOXIDANT
JORDNÖTTER
AROM
KAKAO
KALORIER
GODIS
KOLA
LÄCKER
SÖT

EXOTISK
SMAK
INGREDIENS
KOKOS
PULVER
FAVORIT
KVALITET
RECEPT
SOCKER

17 - Guida

P	T	S	B	P	O	L	I	S	T	R	T	P	B	J
T	Y	T	U	F	B	R	O	M	S	A	R	T	R	P
E	U	S	S	A	G	N	T	K	H	T	O	C	Ä	P
H	M	N	S	R	E	F	H	M	D	R	P	A	N	S
R	B	E	N	A	K	C	Y	L	O	A	S	Y	S	P
E	W	C	K	E	N	R	V	Y	R	K	N	J	L	Z
K	X	I	J	K	L	R	T	Ä	G	U	A	J	E	K
Ä	K	L	N	O	C	L	R	V	G	Y	R	V	G	U
S	V	M	O	T	O	R	A	V	K	S	T	S	A	D
J	R	G	Z	K	B	X	F	R	F	P	D	G	R	F
C	J	V	T	E	H	G	I	T	S	A	H	B	A	D
H	Z	V	Y	F	L	U	K	V	E	F	B	J	G	M
F	O	T	G	Ä	N	G	A	R	E	L	N	I	M	V
M	A	A	X	B	P	V	Z	V	Y	T	O	C	L	Y
M	O	T	O	R	C	Y	K	E	L	T	A	H	D	T

BIL
BUSS
BRÄNSLE
BROMSAR
GARAGE
GAS
OLYCKA
LICENS
KARTA
MOTORCYKEL
MOTOR
FOTGÄNGARE
FARA
POLIS
SÄKERHET
VÄG
TRAFIK
TRANSPORT
TUNNEL
HASTIGHET

18 - I Media

U	H	K	G	G	N	I	N	D	L	I	B	T	U	H
W	P	Y	O	C	E	Ä	A	K	H	R	A	D	I	O
T	H	P	M	M	L	A	T	I	G	I	D	L	T	F
H	Y	R	K	E	M	E	K	V	K	Z	R	I	V	J
X	H	I	R	O	F	U	I	J	E	A	N	K	A	K
O	J	S	D	C	P	O	N	L	U	R	M	S	H	W
A	N	N	O	N	S	P	O	I	P	Y	K	N	G	G
U	T	G	Å	V	A	U	L	A	K	O	L	E	K	T
E	S	Z	J	T	N	T	O	A	N	A	T	K	A	F
T	I	D	N	I	N	G	A	R	D	F	T	Z	J	K
K	O	F	F	E	N	T	L	I	G	O	T	I	C	D
I	R	T	S	U	D	N	I	B	V	T	Y	B	O	W
S	L	L	E	I	S	R	E	M	M	O	K	C	N	N
Å	I	V	G	N	I	R	E	I	S	N	A	N	I	F
I	N	T	E	L	L	E	K	T	U	E	L	L	C	X

KOMMERSIELL
KOMMUNIKATION
DIGITAL
UTGÅVA
UTBILDNING
FAKTA
FINANSIERING
FOTON
TIDNINGAR
ENSKILD
INDUSTRI
INTELLEKTUELL
LOKAL
UPPKOPPLAD
ÅSIKT
ANNONS
OFFENTLIG
RADIO
NÄTVERK
TV

19 - Forza e Gravità

R	M	U	R	T	N	E	C	J	N	C	P	L	R	Z
M	E	Y	E	O	B	Z	L	E	D	G	G	V	O	M
D	K	T	U	I	L	L	E	S	R	E	V	I	N	U
D	A	N	A	B	S	P	P	O	L	M	O	K	R	E
L	N	F	P	D	Y	N	A	M	I	S	K	T	Ö	X
M	I	K	R	L	O	Z	H	J	V	O	H	K	R	P
F	K	W	G	I	A	I	O	W	X	D	C	E	E	A
G	Y	H	H	C	K	N	D	Z	F	I	B	F	L	N
T	D	S	M	S	I	T	E	N	G	A	M	F	S	S
R	A	Y	I	L	S	T	I	T	U	W	V	E	E	I
Y	X	D	Z	K	J	K	H	O	E	A	X	E	L	O
C	U	P	P	T	Ä	C	K	T	N	R	V	V	C	N
K	T	C	L	O	E	G	E	N	S	K	A	P	E	R
A	V	S	T	Å	N	D	I	T	G	W	U	G	L	A
N	O	H	A	S	T	I	G	H	E	T	T	V	U	O

AXEL
FRIKTION
CENTRUM
DYNAMISK
AVSTÅND
EXPANSION
FYSIK
EFFEKT
MAGNETISM
MEKANIK

RÖRELSE
OMLOPPSBANA
VIKT
PLANETER
TRYCK
EGENSKAPER
UPPTÄCKT
TID
UNIVERSELL
HASTIGHET

20 - Caffè

X	M	K	D	S	M	I	N	P	P	O	K	W	C	U
O	Ä	K	U	T	V	L	O	R	E	T	L	I	F	R
A	N	G	R	S	E	A	G	I	P	F	E	C	K	S
A	G	Z	K	O	I	Z	R	S	J	M	C	A	Z	P
E	D	W	P	O	W	M	O	T	T	U	V	T	B	R
D	R	Y	C	K	F	M	M	P	W	M	Ä	D	I	U
D	S	L	I	P	A	F	O	T	N	J	T	N	T	N
Ä	M	Z	S	M	A	K	E	O	N	Ö	S	Z	T	G
R	O	S	T	A	D	A	L	I	F	L	K	U	E	A
G	F	D	A	A	H	R	O	U	N	K	A	V	R	L
A	L	G	I	H	G	E	P	Y	C	D	E	X	E	N
O	R	F	O	S	U	R	V	A	T	T	E	N	K	D
X	K	O	Y	P	J	V	C	R	C	T	C	U	C	D
O	W	Z	M	J	B	X	U	M	W	J	L	J	O	N
M	U	J	V	C	N	B	Z	Y	O	C	M	Z	S	C

SUR
VATTEN
BITTER
AROM
ROSTAD
DRYCK
KOFFEIN
GRÄDDE
FILTER
SMAK

MJÖLK
VÄTSKA
SLIPA
MORGON
SVART
URSPRUNG
PRIS
KOPP
MÄNGD
SOCKER

21 - Uccelli

T	Z	N	O	P	J	W	K	B	Y	U	B	P	G	I
O	V	D	U	V	A	D	R	E	E	A	U	S	Å	G
U	F	E	H	F	W	Y	I	P	M	O	X	T	P	G
C	B	K	L	Y	N	N	S	V	O	C	S	O	H	Ä
A	M	O	G	N	I	M	A	L	F	T	L	R	T	I
N	D	Z	M	A	V	Y	N	R	K	M	V	K	Ö	G
M	B	O	K	V	G	Y	K	P	P	Ö	S	A	U	A
P	M	B	K	S	N	D	A	Å	K	V	R	A	P	S
S	E	Å	L	K	I	L	J	F	Y	K	E	N	D	K
T	B	L	S	V	P	D	O	Å	C	M	O	W	U	P
R	H	Z	I	X	F	O	G	G	K	H	F	L	O	T
U	X	Z	W	K	Ö	H	E	E	L	H	H	K	Z	K
T	F	Y	Y	L	A	X	P	L	I	E	H	C	R	T
S	V	R	C	Z	H	N	A	C	N	H	Ä	G	E	R
D	X	I	K	C	K	A	P	G	G	X	W	N	F	T

HÄGER
ANKA
ÖRN
STORK
SVAN
GÖK
HÖK
FLAMINGO
MÅS
GÅS
PAPEGOJA
SPARV
PÅFÅGEL
PELIKAN
DUVA
PINGVIN
KYCKLING
STRUTS
TOUCAN
ÄGG

22 - Giorni e Mesi

O	M	M	V	N	X	C	U	C	L	H	N	N	X	J
K	Å	S	L	O	W	O	V	N	P	B	B	O	E	R
T	N	Ö	F	W	B	L	R	E	B	M	E	V	O	N
O	A	N	L	U	W	X	G	K	C	W	I	L	U	J
B	D	D	L	A	G	W	A	S	K	K	R	Å	O	S
E	D	A	S	M	R	E	D	N	E	L	A	K	G	H
R	E	G	E	A	H	C	S	I	R	A	U	N	A	J
C	C	A	P	C	U	B	N	Y	I	X	R	F	D	G
M	E	H	T	M	W	G	O	Z	C	M	B	R	R	I
F	M	J	E	A	Å	B	U	N	H	O	E	E	Ö	J
A	B	U	M	J	D	N	O	S	O	C	F	D	L	Z
I	E	N	B	H	B	W	D	P	T	B	L	A	N	W
Y	R	I	E	X	W	F	B	A	I	I	K	G	H	J
M	L	I	R	P	A	Y	V	S	G	A	D	S	I	T
F	T	W	R	D	A	H	I	I	P	S	H	I	A	M

AUGUSTI
ÅR
APRIL
KALENDER
DECEMBER
SÖNDAG
FEBRUARI
JANUARI
JUNI
JULI
MÅNDAG
TISDAG
ONSDAG
MÅNAD
NOVEMBER
OKTOBER
LÖRDAG
SEPTEMBER
VECKA
FREDAG

23 - Casa

B	G	G	Ä	V	A	H	C	S	U	D	C	U	I	N
G	I	A	P	M	A	L	L	W	P	K	Ö	K	N	Y
I	X	B	R	P	G	A	H	X	X	E	G	C	T	C
O	U	V	L	A	P	N	L	Z	O	D	G	N	O	K
N	H	A	O	I	G	S	W	K	D	L	F	E	L	L
T	R	G	D	L	O	E	F	M	M	T	G	T	L	A
F	K	J	W	S	X	T	E	K	A	T	S	S	Y	R
R	R	H	X	R	F	O	E	P	T	P	F	R	R	D
T	R	Ä	D	G	Å	R	D	K	T	O	P	O	O	F
R	B	P	O	U	B	R	A	A	A	F	H	K	R	P
O	R	C	O	W	T	Ö	I	T	M	U	R	S	K	V
T	V	O	F	X	L	D	V	M	W	X	O	M	K	U
G	I	G	O	L	V	C	C	F	Ö	N	S	T	E	R
E	N	A	R	K	K	V	A	S	T	T	T	J	G	X
N	D	A	C	W	Y	K	X	R	G	F	C	S	D	B

VIND
BIBLIOTEK
RUM
SKORSTEN
NYCKLAR
KÖK
DUSCH
FÖNSTER
GARAGE
TRÄDGÅRD
LAMPA
VÄGG
GOLV
DÖRR
STAKET
KRAN
KVAST
SPEGEL
MATTA
TAK

24 - Fantascienza

M	E	B	F	A	N	T	A	S	T	I	S	K	U	C
E	Y	S	I	P	O	T	U	B	V	W	E	L	D	G
X	G	S	N	O	I	S	U	L	L	I	I	J	E	A
P	R	A	T	O	B	O	R	Z	D	E	H	E	W	X
L	B	F	X	I	G	P	H	M	X	X	K	J	G	L
O	Ö	B	F	Z	S	O	Y	Z	K	W	R	A	R	N
S	C	T	U	H	S	K	N	E	G	O	R	T	R	D
I	K	J	B	R	P	D	Z	W	N	W	Ä	O	U	O
O	E	H	J	M	U	Y	P	T	E	K	N	I	K	C
N	R	A	O	G	T	S	M	C	G	V	I	K	F	G
C	H	N	C	J	S	T	U	Z	A	Ä	G	O	I	I
E	X	T	R	E	M	O	T	A	L	R	A	C	K	B
P	L	A	N	E	T	P	J	C	A	L	M	W	A	T
G	M	L	F	I	T	I	T	K	X	D	I	K	R	E
R	E	A	L	I	S	T	I	S	K	R	F	X	Z	L

ATOM
BIO
DYSTOPI
EXPLOSION
EXTREM
FANTASTISK
ELD
TROGEN
GALAX
ILLUSION
IMAGINÄR
BÖCKER
MYSTISK
VÄRLD
ORAKEL
PLANET
REALISTISK
ROBOTAR
TEKNIK
UTOPI

25 - Città

G	U	N	I	V	E	R	S	I	T	E	T	S	J	Z
B	A	L	F	I	A	O	L	P	M	K	Y	T	T	K
A	Z	L	E	D	N	A	H	K	O	B	U	A	M	H
G	O	L	L	W	C	P	G	M	G	G	Z	D	T	L
E	O	E	K	E	T	O	I	L	B	I	B	I	M	F
R	P	T	Y	X	R	A	P	O	T	E	K	O	A	L
I	R	O	S	P	K	I	N	I	L	K	A	N	R	Y
N	V	H	S	A	D	E	H	B	K	B	G	I	K	G
L	V	V	G	F	P	P	O	X	R	X	U	B	N	P
S	A	G	H	C	B	M	U	S	E	U	M	A	A	L
A	K	G	N	R	J	R	U	R	T	D	K	N	D	A
B	L	O	R	Ä	F	F	A	T	A	M	J	K	R	T
G	K	U	L	A	P	S	A	M	E	O	Y	E	B	S
D	D	B	J	A	H	E	W	B	T	P	P	D	U	K
R	E	S	T	A	U	R	A	N	G	M	C	S	L	F

FLYGPLATS
BANK
BIBLIOTEK
BIO
KLINIK
APOTEK
GALLERI
HOTELL
BOKHANDEL
MARKNAD
MUSEUM
LAGRA
BAGERI
RESTAURANG
SKOLA
STADION
MATAFFÄR
TEATER
UNIVERSITET
ZOO

26 - Fattoria #1

G	H	M	R	Z	R	Y	J	H	H	H	B	D	G	I
N	Ö	B	I	S	C	G	O	R	O	W	F	E	E	P
I	H	D	S	S	K	Z	R	B	I	N	Y	J	T	E
L	K	T	S	Y	C	D	D	B	B	S	U	R	H	E
K	I	K	T	E	O	K	B	G	E	G	J	N	I	A
C	I	N	O	X	L	H	R	W	G	C	Y	M	G	E
Y	N	O	N	B	F	J	U	H	Ä	S	T	T	A	K
K	N	O	F	W	W	F	K	V	A	T	T	E	N	X
B	T	A	C	Y	D	Ä	O	T	V	X	E	O	L	O
P	R	E	F	Z	I	L	R	U	I	C	K	X	P	B
G	B	U	F	I	V	T	K	C	B	B	A	X	C	K
Y	Å	S	N	A	R	O	T	N	S	F	T	I	S	P
K	A	L	V	C	V	V	L	U	D	R	S	A	D	U
V	Y	V	T	G	R	I	S	T	M	Ö	H	U	N	D
S	B	F	F	D	L	O	N	P	Y	N	E	A	A	K

VATTEN
JORDBRUK
BI
ÅSNA
FÄLT
HUND
GET
HÄST
GÖDSEL
HÖ

KATT
FLOCK
GRIS
HONUNG
KO
KYCKLING
STAKET
RIS
FRÖN
KALV

27 - Psicologia

E	D	S	W	M	P	K	T	O	S	E	H	A	K	U
U	R	O	L	S	N	Ä	K	E	R	G	P	E	O	N
P	A	F	I	E	L	N	U	P	R	O	V	Z	G	D
P	K	K	A	D	D	U	R	I	I	A	G	G	N	E
F	N	O	W	R	É	K	P	A	H	L	P	N	I	R
A	A	N	L	U	E	E	Y	I	U	S	L	I	T	M
T	T	F	M	O	D	N	R	A	B	N	W	N	I	E
T	N	L	E	J	N	Z	H	L	M	Ä	U	M	O	D
N	G	I	L	C	E	I	N	E	U	K	D	Ä	N	V
I	R	K	B	O	E	Y	B	D	T	J	I	N	X	E
N	V	T	O	Y	T	T	J	C	H	E	D	T	U	T
G	D	P	R	T	E	U	J	X	W	G	R	U	A	N
X	H	F	P	B	B	X	K	L	I	N	I	S	K	A
P	E	R	S	O	N	L	I	G	H	E	T	M	S	E
M	E	D	V	E	T	S	L	Ö	S	O	S	B	J	T

UTNÄMNING
KLINISK
KOGNITION
BETEENDE
KONFLIKT
EGO
KÄNSLOR
ERFARENHETER
IDÉER
MEDVETSLÖS
BARNDOM
TANKAR
UPPFATTNING
PERSONLIGHET
PROBLEM
KÄNSLA
UNDERMEDVETNA
TERAPI

28 - Paesaggi

F	J	W	V	V	A	H	P	M	I	D	V	G	H	S
K	F	Y	Z	A	T	T	O	R	G	L	P	E	P	X
B	E	R	G	T	Ö	R	O	Ä	B	G	X	J	X	P
I	L	O	I	T	E	Z	Y	I	P	K	T	S	F	V
O	L	Y	V	E	N	A	E	C	T	V	N	E	A	C
X	U	R	N	N	V	V	J	A	D	R	Z	R	B	O
Y	K	P	T	F	P	A	V	L	P	N	Ä	Z	S	L
B	S	O	P	A	H	S	G	G	R	E	B	S	I	B
K	J	R	E	L	A	D	O	L	F	R	F	R	K	L
G	W	A	E	L	T	U	N	D	R	A	N	N	N	V
S	A	N	D	D	Y	N	E	R	H	A	L	V	Ö	M
K	R	Y	W	K	L	M	K	V	U	L	K	A	N	F
J	D	M	L	S	J	Ö	Ö	K	B	F	M	X	Y	Z
G	T	S	T	R	A	N	D	L	B	D	H	Y	G	Y
N	C	P	V	S	K	G	T	D	B	W	T	V	F	J

VATTENFALL
KULLE
ÖKEN
SANDDYNER
FLOD
GEJSER
GLACIÄR
GROTTA
ISBERG
SJÖ
HAV
BERG
OAS
TRÄSK
HALVÖ
STRAND
TUNDRA
DAL
VULKAN

29 - Energia

U	F	V	K	B	W	N	S	M	F	V	S	Y	T	B
T	Ö	Å	Ä	Ä	R	O	T	O	M	P	B	D	R	M
E	R	N	C	R	R	Ä	L	V	C	X	L	V	P	Z
L	N	G	V	P	M	N	N	O	T	O	F	R	J	E
E	Y	A	Ä	Y	B	E	K	S	D	R	X	O	O	R
K	B	B	T	Z	X	C	I	R	L	E	S	E	I	D
T	A	T	E	N	N	H	P	G	A	E	R	J	M	E
R	R	Y	G	I	R	Y	W	M	E	F	E	N	M	L
I	B	U	L	B	V	A	D	X	X	J	T	B	U	E
S	E	N	T	R	O	P	I	N	S	B	M	A	J	K
K	I	N	D	U	S	T	R	I	M	I	L	J	Ö	T
S	O	X	F	T	Y	D	A	S	A	Y	O	W	M	R
F	Ö	R	O	R	E	N	I	N	G	K	K	S	X	O
B	A	T	T	E	R	I	H	E	D	C	P	L	I	N
G	R	Y	N	Z	R	V	S	B	B	K	H	P	B	V

MILJÖ
BATTERI
BENSIN
VÄRME
KOL
BRÄNSLE
DIESEL
ELEKTRISK
ELEKTRON
ENTROPI
FOTON
VÄTE
INDUSTRI
FÖRORENING
MOTOR
KÄRNKRAFT
FÖRNYBAR
TURBIN
ÅNGA
VIND

30 - Moda

A	J	M	K	G	D	E	S	P	W	D	O	R	W	T
D	H	M	N	Z	P	I	N	G	N	F	H	G	O	R
F	Y	D	A	R	E	K	I	T	S	I	F	O	S	E
M	T	R	P	S	O	E	W	S	M	R	A	S	E	N
R	E	S	P	M	G	B	K	G	Ö	E	M	P	C	D
E	X	H	A	O	V	Y	S	N	N	D	T	E	X	Y
U	T	U	R	E	D	Ä	L	K	S	O	M	T	S	E
Q	U	E	F	M	V	D	P	B	T	R	O	S	H	O
I	R	E	G	E	N	K	E	L	E	B	D	N	N	N
T	P	R	A	K	T	I	S	K	R	H	E	S	D	A
U	Y	G	E	C	C	J	K	V	X	X	R	T	M	U
O	G	G	O	R	I	G	I	N	A	L	N	I	H	R
B	E	L	E	G	A	N	T	X	N	G	P	L	U	F
M	I	N	I	M	A	L	I	S	T	I	S	K	I	G
B	E	K	V	Ä	M	J	P	S	L	T	U	I	G	O

KLÄDER
BOUTIQUE
DYR
BEKVÄM
ELEGANT
MINIMALISTISK
MÖNSTER
MODERN
BLYGSAM
ORIGINAL
SPETS
PRAKTISK
KNAPPAR
BRODERI
ENKEL
SOFISTIKERAD
STIL
TREND
TYG
TEXTUR

31 - Giardino

G	N	B	G	X	K	F	X	D	I	B	Z	S	E	K
R	R	N	I	T	H	K	N	K	F	N	F	T	V	G
Ä	Z	H	D	A	G	H	Y	Y	N	L	J	N	R	N
S	S	A	R	R	E	T	F	X	E	M	X	H	D	A
M	J	O	Å	Ä	A	W	T	S	K	Y	F	F	E	L
A	O	G	G	P	F	Z	E	D	S	K	G	R	Ä	S
T	R	R	D	C	M	S	K	X	U	Y	M	N	T	H
T	D	Ä	Ä	K	C	W	A	R	B	Y	N	I	V	Ä
A	K	S	R	I	C	R	T	B	M	B	O	L	L	N
M	J	F	T	X	V	K	S	E	V	T	X	O	F	G
M	I	U	T	T	R	Ä	D	G	Å	R	D	P	A	M
O	W	Z	K	B	I	V	A	A	A	D	A	M	M	A
L	K	S	U	B	Ä	I	H	R	I	Z	Ä	A	C	T
B	J	C	R	T	M	N	L	A	L	I	X	R	P	T
L	R	B	F	U	T	W	K	G	E	L	U	T	T	A

TRÄD
HÄNGMATTA
BUSKE
GRÄS
OGRÄS
BLOMMA
FRUKTTRÄDGÅRD
GARAGE
TRÄDGÅRD
SKYFFEL
BÄNK
GRÄSMATTA
RÄFSA
STAKET
DAMM
JORD
TERRASS
TRAMPOLIN
SLANG
VIN

32 - Riscaldamento Globale

A	D	H	W	R	O	Z	J	N	U	Y	D	B	K	R
X	B	A	F	O	R	S	K	A	R	E	E	E	O	E
V	K	R	T	C	B	K	A	X	W	J	J	F	N	G
U	V	K	A	A	M	D	T	G	E	N	F	O	S	E
Y	K	K	M	I	G	R	E	N	E	U	R	L	E	R
D	U	V	I	K	N	W	R	A	K	Z	A	K	K	I
Y	F	F	L	L	F	D	O	E	X	S	M	N	V	N
K	A	O	K	Ö	E	L	U	S	X	R	T	I	E	G
X	J	L	V	J	W	F	I	S	P	H	I	N	N	A
L	G	N	I	L	K	C	E	V	T	U	D	G	S	R
K	L	K	R	I	S	K	N	Z	L	R	U	A	E	K
L	I	V	S	M	I	L	J	Ö	E	R	I	R	R	T
L	A	G	S	T	I	F	T	N	I	N	G	Z	S	I
G	E	N	E	R	A	T	I	O	N	E	R	N	U	S
U	P	P	M	Ä	R	K	S	A	M	H	E	T	G	K

MILJÖ
ARKTISK
UPPMÄRKSAMHET
KLIMAT
KONSEKVENSER
KRIS
DATA
ENERGI
FRAMTID
GAS
GENERATIONER
REGERING
LIVSMILJÖER
INDUSTRI
LAGSTIFTNING
NU
BEFOLKNINGAR
FORSKARE
UTVECKLING

33 - Frutta

A	D	P	G	I	T	X	C	O	J	C	I	C	K	A
P	Y	N	I	T	R	N	Z	Z	N	O	R	T	I	C
E	J	U	B	U	Y	E	K	A	V	O	K	A	D	O
L	O	R	C	U	A	L	D	J	S	G	R	E	J	D
S	C	D	N	I	D	P	Z	X	J	N	H	Ä	V	P
I	W	I	K	L	Z	P	R	A	U	A	G	D	P	A
N	O	L	E	M	H	Ä	S	I	S	M	R	S	R	P
A	P	E	R	S	I	K	A	A	K	N	Ä	G	Ä	A
N	O	M	M	O	L	P	C	N	Z	O	B	V	B	Y
A	W	C	W	P	J	P	G	A	L	L	S	Ä	N	A
B	F	F	U	Z	W	O	G	N	U	L	R	W	R	W
N	E	K	T	A	R	I	N	A	P	A	Ö	J	Ö	G
X	G	G	N	W	C	A	L	S	I	H	K	T	J	W
S	V	V	C	Z	H	W	V	J	A	M	G	A	B	H
D	R	U	V	A	D	B	I	O	F	R	Z	E	O	I

APRIKOS
ANANAS
APELSIN
AVOKADO
BÄR
BANAN
KÖRSBÄR
KIWI
HALLON
CITRON
MANGO
ÄPPLE
MELON
BJÖRNBÄR
NEKTARIN
PAPAYA
PÄRON
PERSIKA
PLOMMON
DRUVA

34 - Fattoria #2

W	T	K	V	X	C	C	O	J	P	H	U	T	F	F
T	E	K	X	N	N	T	E	L	F	I	X	G	B	R
K	K	L	Ö	J	M	R	I	W	S	R	X	B	O	U
G	K	U	N	Y	V	A	K	N	A	D	A	L	N	K
U	B	O	R	X	R	U	J	D	U	P	S	U	D	T
Z	Z	M	O	F	Å	K	N	S	V	E	T	E	E	T
H	R	F	K	G	F	P	H	S	H	E	R	D	E	R
Z	P	G	E	U	F	O	O	Ä	A	W	N	V	I	Ä
I	L	D	B	P	P	U	C	G	S	A	R	T	I	D
B	E	V	A	T	T	N	I	N	G	L	A	M	A	G
M	L	K	S	K	W	C	M	Ä	T	S	Z	X	N	Å
A	R	A	P	U	K	I	B	N	Z	C	K	D	D	R
T	U	S	M	O	I	Y	B	G	Z	O	C	T	H	D
E	P	M	Z	M	T	R	A	K	T	O	R	I	L	S
V	B	K	B	K	T	D	E	U	V	E	G	K	O	J

LAMM
BONDE
BIKUPA
ANKA
DJUR
MAT
LADA
FRUKT
FRUKTTRÄDGÅRD
VETE
BEVATTNING
LAMA
MJÖLK
MAJS
GÄSS
KORN
HERDE
FÅR
ÄNG
TRAKTOR

35 - Verdure

P	O	T	A	T	I	S	V	Ä	P	P	U	V	A	B
W	P	I	E	H	D	F	I	R	E	U	M	Y	K	R
S	G	U	R	K	A	A	T	T	S	X	L	M	R	O
C	B	C	R	Z	L	K	L	A	W	S	Ä	Ö	R	C
H	X	P	H	H	L	C	Ö	I	B	F	G	K	K	C
A	P	M	U	P	A	O	K	Z	R	L	G	G	U	O
L	S	F	J	C	S	K	D	B	X	E	P	A	D	L
O	M	O	R	O	T	S	V	A	V	I	L	J	I	I
T	S	R	K	N	P	T	I	T	Y	Y	A	L	E	R
T	P	Ä	D	H	A	R	Ä	F	E	G	N	I	E	O
E	E	D	J	W	Z	Ä	S	O	P	E	T	S	S	S
N	N	I	L	O	M	N	L	B	G	B	A	R	V	J
L	A	S	T	R	N	O	R	L	E	P	G	E	A	M
Ö	T	A	M	O	T	R	O	V	A	M	Y	P	M	X
K	J	D	F	I	T	K	C	H	U	B	Y	Z	P	G

VITLÖK
BROCCOLI
KRONÄRTSKOCKA
MOROT
GURKA
LÖK
SVAMP
SALLAD
ÄGGPLANTA
POTATIS
ÄRTA
TOMAT
PERSILJA
ROVA
RÄDISA
SCHALOTTENLÖK
SELLERI
SPENAT
INGEFÄRA
PUMPA

36 - Musica

U	F	X	M	T	Y	R	L	A	G	B	F	O	I	I
E	E	L	J	U	K	T	Z	Y	A	A	G	P	N	N
U	L	K	S	I	S	S	A	L	K	L	L	E	S	S
M	E	L	O	D	I	I	X	X	A	L	Y	R	T	P
H	B	S	N	P	M	V	K	H	B	A	R	A	R	E
Z	A	Z	H	B	T	E	T	A	Y	D	I	A	U	L
K	C	R	O	H	Y	M	A	V	L	P	S	G	M	N
D	Ö	L	M	X	R	C	Z	S	H	I	K	A	E	I
E	Y	R	U	O	S	J	U	N	G	A	S	R	N	N
T	A	R	B	P	N	U	Z	Y	C	C	V	K	T	G
A	X	U	L	W	A	I	M	U	S	I	K	E	R	V
K	V	S	A	P	O	E	T	I	S	K	S	Å	N	G
X	X	P	I	X	L	P	M	I	K	R	O	F	O	N
H	A	R	M	O	N	I	S	K	E	J	N	R	R	H
M	L	S	Å	N	G	A	R	E	U	W	O	G	L	P

ALBUM
HARMONI
HARMONISK
BALLAD
SÅNGARE
SJUNGA
KLASSISK
KÖR
LYRISK
MELODI
MIKROFON
MUSIKALISK
MUSIKER
OPERA
POETISK
INSPELNING
RYTMISK
RYTM
INSTRUMENT
SÅNG

37 - Barbecue

S	M	I	D	D	A	G	R	A	G	Y	Y	Y	Z	S
T	A	G	V	C	X	A	M	L	T	R	I	Y	P	P
O	S	L	S	D	M	U	S	I	K	A	I	W	J	E
M	A	C	T	A	M	S	W	S	U	V	J	L	A	L
A	L	P	E	P	P	A	R	A	R	I	P	U	L	S
T	L	O	B	K	K	U	C	U	F	N	R	M	J	I
E	A	A	O	F	Y	X	H	S	V	K	Ö	L	I	N
R	D	V	H	O	F	S	M	U	U	Y	K	M	V	B
Y	E	Z	K	N	L	T	P	E	N	V	A	R	M	J
S	R	P	F	D	I	E	E	J	R	G	Z	K	F	U
L	U	N	C	H	S	O	M	M	A	R	E	J	A	D
I	U	X	V	P	Å	O	I	T	O	E	Z	R	M	A
E	H	M	G	U	S	Z	G	Z	U	H	N	S	I	N
K	Y	C	K	L	I	N	G	U	S	W	L	N	L	N
S	N	Z	W	S	A	K	T	X	K	Y	Z	C	J	R

VARM
MIDDAG
MAT
LÖK
KNIVAR
SOMMAR
HUNGER
FAMILJ
FRUKT
SPEL

GRILL
SALLADER
INBJUDAN
MUSIK
PEPPAR
KYCKLING
TOMATER
LUNCH
SALT
SÅS

38 - Fisica

D	H	X	L	E	K	I	T	R	A	P	M	H	M	E
E	A	W	L	X	K	G	A	S	R	M	O	T	A	L
N	S	T	E	P	I	Ä	U	M	P	A	T	G	G	E
S	T	E	S	A	N	A	R	S	H	A	O	C	N	K
I	I	T	R	N	A	C	A	N	T	J	R	C	E	T
T	G	I	E	S	K	W	V	E	K	E	X	P	T	R
E	H	V	V	I	E	V	L	V	K	R	B	J	I	O
T	E	I	I	O	M	B	L	K	K	E	A	T	S	N
L	T	T	N	N	X	B	A	E	Z	O	M	F	M	G
E	S	A	U	M	R	S	L	R	D	N	G	I	T	I
M	O	L	E	K	Y	L	N	F	K	F	K	K	S	U
R	A	E	J	A	W	Y	E	O	Y	L	U	L	U	K
O	K	R	A	C	C	E	L	E	R	A	T	I	O	N
F	E	J	O	E	R	M	H	C	K	J	O	B	G	V
X	D	T	H	M	S	F	L	X	M	K	Y	O	J	W

ACCELERATION
ATOM
KAOS
KEMISK
DENSITET
ELEKTRON
EXPANSION
FORMEL
FREKVENS
GAS
ALLVAR
MAGNETISM
MEKANIK
MOLEKYL
MOTOR
KÄRNKRAFT
PARTIKEL
RELATIVITET
UNIVERSELL
HASTIGHET

39 - Agronomia

F	S	A	G	M	E	T	S	Y	S	J	W	P	I	O
Ö	I	D	P	A	K	S	N	E	T	E	V	R	P	R
R	E	G	J	U	O	Z	N	Ö	J	E	J	O	I	G
O	L	Y	U	G	L	O	J	P	R	D	X	D	Z	A
R	E	T	S	C	O	H	W	V	M	F	U	U	C	N
E	S	N	C	K	G	I	L	T	N	A	L	K	N	I
N	D	E	E	U	I	U	X	J	N	R	E	T	F	S
I	Ö	T	J	R	F	P	B	Z	E	I	M	I	O	K
N	G	T	A	B	G	H	I	I	E	B	A	O	R	G
G	R	A	M	D	E	I	G	O	Z	Y	T	N	S	J
F	M	V	L	R	E	R	O	S	I	O	N	S	K	H
Z	P	I	P	O	T	I	L	L	V	Ä	X	T	N	A
T	A	P	L	J	H	S	Z	D	E	V	N	I	I	R
H	A	I	S	J	D	X	Y	H	F	M	F	D	N	M
A	W	L	T	R	Ö	C	O	B	R	K	T	Y	G	V

VATTEN
JORDBRUK
MILJÖ
MAT
TILLVÄXT
EKOLOGI
ENERGI
EROSION
GÖDSEL
FÖRORENING
ORGANISK
PRODUKTION
FORSKNING
LANTLIG
VETENSKAP
FRÖN
SYSTEM

40 - Erboristeria

D	R	A	G	O	N	I	R	A	M	S	O	R	T	F
B	L	O	M	M	A	G	D	D	S	G	T	L	R	Ä
Y	T	I	M	J	A	N	K	I	R	A	G	Y	Ä	N
L	N	G	L	O	D	Ö	L	V	L	L	N	U	D	K
A	W	L	X	M	G	R	N	A	A	L	V	G	G	Å
V	B	L	D	D	G	G	B	J	A	L	X	E	Å	L
E	A	A	P	E	R	S	I	L	J	A	I	W	R	A
N	S	K	S	I	R	A	N	I	L	U	K	T	D	B
D	O	F	O	I	C	A	K	D	I	O	Ö	I	E	J
E	J	J	L	C	L	W	J	L	B	A	L	M	N	T
L	M	Y	N	Z	B	I	Z	O	L	R	T	E	F	G
U	Y	G	W	K	B	L	K	I	W	I	I	J	X	D
O	N	A	G	E	R	O	J	A	N	B	V	R	W	W
P	T	A	R	O	M	A	T	I	S	K	F	A	E	M
M	A	I	N	G	R	E	D	I	E	N	S	M	M	D

VITLÖK
DILL
AROMATISK
BASILIKA
KULINARISK
DRAGON
FÄNKÅL
BLOMMA
TRÄDGÅRD
INGREDIENS
LAVENDEL
MEJRAM
MYNTA
OREGANO
PERSILJA
KVALITET
ROSMARIN
TIMJAN
GRÖN

41 - Danza

H	F	M	A	P	P	O	H	K	U	L	T	U	R	A
K	O	N	S	T	M	Y	R	Å	A	W	J	A	B	K
R	U	N	T	R	Z	R	Ö	E	L	A	D	O	M	A
E	K	T	E	N	Z	P	R	A	S	L	Å	V	V	D
P	Y	U	T	S	X	W	E	U	N	Z	N	O	D	E
E	J	L	L	R	A	M	L	S	Ä	F	O	I	C	M
T	P	S	L	T	Y	C	S	A	K	X	M	K	N	I
I	B	P	O	L	U	C	E	H	P	I	F	D	I	G
T	R	Y	T	M	T	R	K	S	I	S	S	A	L	K
I	K	R	O	P	P	E	E	S	A	N	X	L	M	A
O	X	G	M	Y	E	N	O	L	F	E	J	G	U	E
N	L	R	I	S	O	T	N	Y	L	U	I	K	S	C
U	C	R	V	I	A	R	G	H	G	V	L	R	I	F
N	N	M	B	E	Z	A	I	F	D	U	W	L	K	I
I	V	N	J	N	E	P	V	I	S	U	E	L	L	E

AKADEMI
KONST
KLASSISK
PARTNER
KROPP
KULTUR
KULTURELL
KÄNSLA
UTTRYCKSFULL
GLAD
NÅD
RÖRELSE
MUSIK
HÅLLNING
REPETITION
RYTM
HOPPA
VISUELL

42 - Biologia

R	D	M	N	D	N	U	K	O	S	M	O	S	D	U
E	J	X	N	O	O	G	O	S	B	N	S	V	Ä	L
P	P	N	W	G	I	Y	L	L	E	C	Y	T	G	X
T	S	Y	N	W	T	T	L	K	C	B	N	R	G	P
I	G	I	L	R	U	T	A	N	T	I	A	T	D	S
L	B	P	Z	L	L	P	G	T	O	U	P	Z	J	N
S	Y	M	B	I	O	S	E	W	U	O	S	I	U	E
U	R	T	R	K	V	A	N	Y	M	M	A	F	R	R
Z	N	I	X	S	E	T	N	Y	S	O	T	O	F	V
E	J	H	I	Y	V	H	O	R	M	O	N	E	T	C
H	N	I	E	T	O	R	P	S	M	F	W	M	W	E
G	M	Z	K	I	M	Y	E	S	I	C	I	B	F	L
I	C	G	Y	M	E	X	K	N	Z	J	Z	R	U	L
O	S	M	I	M	O	T	A	N	A	L	K	Y	Y	C
B	A	K	T	E	R	I	E	S	D	X	I	O	R	L

ANATOMI
BAKTERIE
CELL
KOLLAGEN
EMBRYO
ENZYM
EVOLUTION
FOTOSYNTES
DÄGGDJUR
MUTATION
NATURLIG
NERV
NERVCELL
HORMON
OSMOS
PROTEIN
REPTIL
SYMBIOS
SYNAPS

43 - Attività Commerciale

T	P	M	A	G	T	X	K	B	H	K	I	N	G	A
P	D	Y	W	I	K	E	A	P	U	L	N	G	K	R
B	U	T	I	K	A	U	A	D	B	D	V	A	N	B
P	S	V	T	V	R	O	T	N	O	K	G	T	O	E
V	E	E	T	N	R	S	S	A	D	J	T	E	I	T
W	A	N	N	N	I	M	O	N	O	K	E	R	T	S
X	A	R	G	M	Ä	D	K	J	S	I	A	Ö	K	G
J	T	T	O	A	R	Z	J	P	X	R	N	F	A	I
T	U	G	Z	R	R	C	V	X	N	B	S	L	S	V
H	L	P	W	F	I	N	A	N	S	A	T	W	N	A
R	A	B	A	T	T	S	N	I	V	F	Ä	I	A	R
P	V	I	N	K	O	M	S	T	W	Z	L	X	R	E
G	G	T	K	W	M	D	J	M	U	T	L	G	T	H
I	N	V	E	S	T	E	R	I	N	G	D	C	P	U
F	Ö	R	S	Ä	L	J	N	I	N	G	N	W	Z	F

BUDGET
KARRIÄR
KOSTA
ARBETSGIVARE
ANSTÄLLD
EKONOMI
FABRIK
FINANS
INVESTERING
VAROR
BUTIK
VINST
INKOMST
RABATT
FÖRETAG
PENGAR
TRANSAKTION
KONTOR
VALUTA
FÖRSÄLJNING

44 - Fiori

U	R	T	U	L	P	A	N	F	G	B	A	A	L	M
F	E	G	T	J	M	Y	R	V	O	L	N	E	I	D
O	W	V	X	Y	U	A	T	Z	C	I	W	V	L	Y
P	O	M	B	S	A	I	G	A	C	L	K	W	A	Z
E	L	U	A	W	N	N	S	N	T	J	W	F	I	C
H	F	D	R	F	Ö	E	O	I	O	A	P	P	R	P
A	N	L	D	A	K	D	L	M	M	L	J	Z	E	Å
P	O	U	A	M	S	R	R	S	L	O	I	O	M	S
K	I	T	L	V	N	A	O	A	L	B	T	A	U	K
U	S	O	B	K	E	G	S	J	A	P	R	Y	L	L
J	S	N	N	M	S	N	M	W	V	I	Y	O	P	I
U	A	H	O	L	U	É	D	I	K	R	O	O	G	L
J	P	M	R	W	T	T	T	E	K	U	B	Z	L	J
S	O	R	K	S	A	M	S	C	L	P	E	L	V	A
H	I	B	I	S	K	U	S	R	K	L	Ö	V	E	R

MASKROS
GARDENIA
JASMIN
LILJA
SOLROS
HIBISKUS
LAVENDEL
LILA
MAGNOLIA
TUSENSKÖNA

BUKETT
PÅSKLILJA
ORKIDÉ
VALLMO
PASSIONFLOWER
PION
KRONBLAD
PLUMERIA
KLÖVER
TULPAN

45 - Filantropia

F	T	F	G	E	N	E	R	O	S	I	T	E	T	K
L	E	A	I	G	E	M	E	N	S	K	A	P	E	O
D	H	M	L	N	R	A	B	E	R	Z	H	D	H	N
Y	N	C	T	I	A	B	R	E	P	P	U	R	G	T
D	E	S	N	N	M	N	L	I	H	C	F	H	I	A
V	R	F	E	R	L	F	S	E	C	Ö	T	M	L	K
S	Ö	S	F	A	Å	U	H	D	O	L	V	O	R	T
J	G	V	F	G	M	A	R	G	O	R	P	E	Ä	E
V	L	H	O	N	U	F	I	A	I	R	Y	N	R	R
M	Ä	N	N	I	S	K	O	R	G	L	O	B	A	L
Y	V	T	C	N	L	H	C	D	O	A	W	I	U	E
Y	L	W	E	A	X	V	Z	P	P	T	R	F	V	D
J	Y	S	D	M	R	Z	J	P	O	X	S	K	V	E
J	X	N	A	T	A	Y	T	U	S	R	D	I	F	M
U	Y	T	E	U	U	N	G	D	O	M	W	L	H	L

BARN
BEHÖVER
VÄLGÖRENHET
GEMENSKAP
KONTAKTER
FINANS
MEDEL
GENEROSITET
UNGDOM
GLOBAL
GRUPPER
UPPDRAG
MÅL
ÄRLIGHET
MÄNNISKOR
PROGRAM
OFFENTLIG
UTMANINGAR
HISTORIA

46 - Ecologia

V	E	G	E	T	A	T	I	O	N	S	H	N	E	V
L	X	T	D	Y	N	A	N	H	I	A	Å	A	X	Ä
A	I	E	P	K	U	M	C	B	R	M	L	T	K	X
B	B	V	M	J	A	I	P	M	A	H	L	U	Y	T
O	V	E	S	Z	F	L	J	E	M	Ä	B	R	F	E
L	E	D	E	M	T	K	S	D	S	L	A	L	L	R
G	Z	X	J	A	I	D	O	P	V	L	R	I	O	U
I	U	P	T	S	S	L	W	A	C	E	U	G	R	X
P	K	R	Z	B	S	A	J	N	J	N	T	W	A	A
M	Ä	N	G	D	Z	F	N	Ö	M	O	A	U	Z	R
C	C	K	Ä	R	R	G	R	P	E	Z	N	J	D	T
H	S	H	W	D	A	N	V	E	L	R	E	V	Ö	U
S	L	Z	B	W	E	Å	E	T	O	R	K	A	R	I
A	V	V	L	A	P	M	E	G	U	K	H	I	P	M
F	R	I	V	I	L	L	I	G	A	D	B	A	Z	F

KLIMAT
SAMHÄLLEN
MÅNGFALD
FAUNA
FLORA
GLOBAL
LIVSMILJÖ
MARIN
NATUR
NATURLIG
KÄRR
VÄXTER
MEDEL
TORKA
ÖVERLEVNAD
HÅLLBAR
ART
MÄNGD
VEGETATION
FRIVILLIGA

47 - Discipline Scientifiche

N	E	U	R	O	L	O	G	I	B	A	L	G	O	J
I	G	O	L	O	N	U	M	M	I	N	W	D	P	G
Z	O	O	L	O	G	I	K	S	O	A	C	Z	A	P
G	U	G	G	D	E	I	I	T	K	T	N	K	X	L
D	U	I	U	V	G	R	J	P	E	O	N	X	B	M
S	M	E	K	A	N	I	K	S	M	M	P	F	L	J
A	O	O	L	M	R	X	T	Y	I	I	M	E	K	A
E	S	C	T	R	X	I	O	K	I	N	A	T	O	B
D	K	T	I	P	N	I	G	O	L	O	I	S	Y	F
B	I	O	R	O	I	G	O	L	A	R	E	N	I	M
Y	O	F	L	O	L	I	G	O	L	O	E	K	R	A
Y	J	T	D	O	N	O	D	G	F	A	Z	B	I	V
S	R	G	P	J	G	O	G	I	G	O	L	O	I	B
J	G	U	R	O	A	I	M	I	N	M	M	L	E	K
H	G	E	O	L	O	G	I	I	A	I	R	X	K	U

ANATOMI
ARKEOLOGI
ASTRONOMI
BIOKEMI
BIOLOGI
BOTANIK
KEMI
EKOLOGI
FYSIOLOGI
GEOLOGI
IMMUNOLOGI
MEKANIK
MINERALOGI
NEUROLOGI
PSYKOLOGI
SOCIOLOGI
ZOOLOGI

48 - Scienza

N	Z	V	I	X	F	O	R	S	K	A	R	E	V	O
U	T	N	A	T	U	R	A	V	L	L	A	U	I	B
A	S	V	E	P	O	R	G	A	N	I	S	M	W	S
A	M	U	I	R	O	T	A	R	O	B	A	L	F	E
T	T	R	R	F	A	K	T	U	M	Z	I	I	Y	R
A	B	O	B	R	E	L	A	R	E	N	I	M	S	V
D	K	C	M	J	R	I	K	A	D	L	M	E	I	A
H	Y	P	O	T	E	S	K	I	O	M	B	G	K	T
Z	H	U	Y	K	L	S	L	P	T	T	J	D	I	I
A	D	O	M	Y	Y	O	I	X	E	R	D	P	B	O
K	E	M	I	S	K	F	M	G	M	C	A	K	L	N
C	T	Y	I	V	E	V	A	O	S	X	M	P	V	C
B	H	K	G	I	L	U	T	G	S	S	L	H	R	G
I	O	J	E	V	O	L	U	T	I	O	N	Y	S	M
I	Y	T	N	E	M	I	R	E	P	X	E	U	S	O

ATOM
KEMISK
KLIMAT
DATA
EXPERIMENT
EVOLUTION
FAKTUM
FYSIK
FOSSIL
ALLVAR
HYPOTES
LABORATORIUM
METOD
MINERALER
MOLEKYLER
NATUR
ORGANISM
OBSERVATION
PARTIKLAR
FORSKARE

49 - Acqua

Ö	I	B	S	G	N	O	S	T	G	I	T	K	U	F
N	V	S	Y	K	A	N	A	L	E	K	V	X	U	O
S	B	E	F	L	O	D	G	C	J	D	U	S	C	H
O	E	R	R	G	N	I	N	T	S	N	U	D	V	A
R	V	Z	A	S	E	C	Å	S	E	V	X	P	A	E
K	A	D	B	P	V	T	I	O	R	Å	Y	T	H	E
A	T	M	K	L	S	Ä	D	R	Z	G	A	O	B	I
N	T	O	C	O	T	E	M	F	U	O	J	A	L	G
H	N	N	I	E	S	H	M	N	I	R	F	P	R	X
P	I	S	R	K	V	E	P	E	I	Y	R	Y	E	E
H	N	U	D	F	Y	O	W	S	M	N	V	F	G	I
K	G	N	A	S	V	Y	Y	S	Y	P	G	U	N	S
S	J	Ö	Z	D	Z	V	K	L	J	D	Y	K	G	X
M	P	X	U	V	U	F	R	S	Z	W	Z	T	H	M
X	O	X	C	P	J	M	D	Y	Z	B	D	R	U	T

ÖVERSVÄMNING
KANAL
DUSCH
AVDUNSTNING
FLOD
FROST
GEJSER
IS
BEVATTNING
SJÖ
MONSUN
SNÖ
HAV
VÅGOR
REGN
DRICKBAR
FUKT
FUKTIG
ORKAN
ÅNGA

50 - Boxe

F	Y	H	S	G	I	U	I	C	X	J	L	D	K	S
X	Ä	I	X	C	G	K	T	K	L	O	C	K	A	T
B	C	R	P	E	G	Å	B	M	R	A	J	W	K	Y
F	D	R	D	F	D	T	A	Z	A	Z	O	V	A	R
G	H	B	M	I	G	E	B	B	F	T	L	A	H	K
E	V	W	O	B	G	I	W	F	O	J	T	A	Z	A
F	S	V	T	H	N	H	W	X	K	L	H	A	J	J
R	J	B	S	F	Ä	C	E	B	U	J	P	S	D	W
U	E	E	T	W	O	S	L	T	S	B	O	G	D	O
H	V	P	Å	P	P	O	R	K	S	P	A	R	K	A
S	Ä	M	N	H	S	N	A	B	B	M	Z	W	I	F
C	N	Ä	D	W	B	R	S	D	V	W	Z	M	H	S
J	A	K	A	G	L	Ö	H	A	N	D	S	K	A	R
A	J	V	R	Z	K	H	Y	R	J	S	M	Y	A	V
E	G	O	E	R	A	M	O	D	L	I	K	R	P	X

FÄRDIGHET
HÖRN
DOMARE
MOTSTÅNDARE
SPARKA
KLOCKA
KÄMPE
REP
KROPP

UTMATTAD
STYRKA
FOKUS
ARMBÅGE
HANDSKAR
HAKA
NÄVE
POÄNG
SNABB

51 - Imbarcazioni

B	B	J	V	P	E	J	G	H	X	A	Z	F	L	A
P	E	C	W	X	M	Y	I	E	R	E	Z	L	G	V
Y	C	S	R	E	P	U	Y	S	U	A	I	O	F	R
R	F	E	Ä	M	A	P	B	V	E	O	K	T	Z	S
S	S	L	J	T	Å	B	L	E	G	E	S	T	R	T
C	H	E	Y	K	T	Y	A	C	H	T	X	E	V	B
W	R	T	F	X	B	N	E	T	T	A	V	D	I	T
N	A	U	T	I	S	K	I	U	D	E	K	M	A	S
S	J	Ö	M	A	N	T	Y	N	J	K	J	A	N	L
I	R	Z	B	B	D	E	P	Ö	G	H	Y	S	K	M
D	O	C	K	A	O	K	A	J	A	K	A	T	A	O
K	G	S	A	J	L	J	N	S	Z	E	B	V	R	T
V	Å	R	X	R	F	K	A	N	O	T	L	J	E	O
B	V	T	V	Ä	V	C	O	A	P	F	V	N	E	R
D	G	H	C	F	Z	Z	H	R	L	D	K	A	U	M

MAST
ANKARE
SEGELBÅT
BOJ
KANOT
REP
DOCKA
BESÄTTNING
FLOD
KAJAK
SJÖ
HAV
TIDVATTEN
SJÖMAN
MOTOR
NAUTISK
VÅGOR
FÄRJA
YACHT
FLOTTE

52 - Chimica

K	A	M	H	R	I	W	S	C	S	V	U	N	O	A
S	Ä	H	A	N	T	P	E	M	Y	G	Ä	O	N	T
I	E	R	F	T	S	Y	R	E	R	D	H	R	R	O
N	C	O	N	S	I	B	E	S	A	X	P	T	M	M
A	K	L	O	K	D	E	U	N	Z	V	I	K	T	E
G	K	K	J	G	R	R	B	R	Z	Y	X	E	L	T
R	X	E	H	D	T	A	W	E	M	Y	B	L	A	Ä
O	G	J	U	A	Z	K	F	J	O	W	M	E	S	V
A	A	Y	G	R	S	S	E	T	L	O	K	Y	I	Z
X	S	X	D	R	U	T	A	R	E	P	M	E	T	C
E	W	Y	D	I	E	Ä	B	L	K	C	J	A	A	J
N	V	F	C	D	M	V	K	Z	Y	K	D	K	C	Y
A	L	K	A	L	I	S	K	L	L	Z	B	C	L	B
K	A	T	A	L	Y	S	A	T	O	R	S	B	W	B
U	M	X	J	K	P	O	I	N	G	X	U	J	D	B

SYRA
ALKALISK
ATOM
VÄRME
KOL
KATALYSATOR
KLOR
ELEKTRON
ENZYM
GAS
VÄTE
JON
VÄTSKA
MOLEKYL
KÄRNKRAFT
ORGANISK
SYRE
VIKT
SALT
TEMPERATUR

53 - Api

Z	C	V	V	U	O	L	V	R	Y	V	L	B	N	V
I	U	N	C	S	P	Z	N	N	Ö	A	I	L	L	Ä
S	V	Ä	R	M	Y	U	B	W	S	K	V	O	S	L
T	J	O	D	Z	W	W	U	E	B	T	S	M	K	G
E	P	L	I	A	H	I	W	J	B	R	M	M	J	Ö
Y	C	A	G	B	L	O	M	M	O	R	I	A	M	R
N	P	R	N	E	L	L	O	P	X	V	L	O	S	A
T	T	V	I	N	G	A	R	H	I	G	J	U	E	N
X	G	R	N	V	N	L	U	P	O	I	Ö	L	W	D
J	O	E	T	Ä	D	L	A	F	G	N	Å	M	U	E
F	F	X	T	X	A	V	N	M	K	F	U	L	W	L
R	G	X	O	T	K	E	S	N	I	E	C	N	X	I
U	C	D	R	E	A	P	U	K	I	B	J	E	G	M
K	M	D	D	R	M	M	T	R	Ä	D	G	Å	R	D
T	E	K	O	S	Y	S	T	E	M	P	U	Y	S	I

VINGAR
BIKUPA
VÄLGÖRANDE
VAX
MAT
MÅNGFALD
EKOSYSTEM
BLOMMOR
BLOMMA
FRUKT
RÖK
TRÄDGÅRD
LIVSMILJÖ
INSEKT
HONUNG
VÄXTER
POLLEN
DROTTNING
SVÄRM
SOL

54 - Strumenti Musicali

I	X	W	M	I	Y	D	F	F	J	O	N	W	B	H
G	O	N	G	U	V	W	I	M	L	Z	T	H	Z	R
H	K	I	F	K	N	B	O	A	I	Ö	C	U	R	L
F	L	R	E	Y	N	S	L	G	X	G	J	S	C	T
A	A	U	B	H	V	J	P	T	I	O	W	T	D	L
G	R	B	J	M	C	R	B	E	T	T	A	T	L	D
O	I	M	U	M	I	J	A	O	L	C	A	Y	P	B
T	N	A	J	U	T	P	N	B	D	B	B	R	B	W
T	E	T	U	G	M	J	J	O	A	M	M	U	R	T
H	T	H	A	R	P	A	O	M	J	R	I	H	C	E
D	T	D	M	A	N	D	O	L	I	N	R	V	E	P
T	R	O	M	B	O	N	O	F	O	X	A	S	L	M
P	I	A	N	O	E	I	X	M	V	Y	M	O	L	U
S	L	A	G	V	E	R	K	Z	W	Z	E	C	O	R
N	N	A	I	G	P	E	S	S	R	C	F	U	Y	T

MUNSPEL
HARPA
BANJO
GITARR
KLARINETT
FAGOTT
FLÖJT
GONG
MANDOLIN
MARIMBA
OBOE
SLAGVERK
PIANO
SAXOFON
TAMBURIN
TRUMMA
TRUMPET
TROMBON
FIOL
CELLO

55 - Professioni #2

L	F	O	T	O	G	R	A	F	P	K	I	B	A	O
X	K	B	X	L	I	W	L	R	P	O	N	I	S	T
N	A	H	I	L	E	P	K	Ö	I	J	G	O	T	F
D	E	T	E	K	T	I	V	T	W	P	E	L	R	O
T	R	R	U	T	R	E	D	A	R	E	N	O	O	R
U	A	F	A	T	O	U	L	R	L	F	J	G	N	S
P	K	N	C	L	Y	K	Ä	T	I	I	Ö	R	A	K
P	Ä	Z	D	M	Å	H	R	S	N	L	R	U	U	A
F	L	O	R	L	M	M	A	U	G	O	Y	R	T	R
I	C	O	T	E	Ä	Y	R	L	V	S	Z	I	F	E
N	J	L	M	W	E	K	E	L	I	O	E	K	P	M
N	N	O	C	F	V	P	A	I	S	F	M	Z	I	A
A	X	G	J	T	O	Y	P	R	T	B	J	M	L	H
R	F	Y	J	S	X	D	A	G	E	T	H	A	O	B
E	P	G	J	O	U	R	N	A	L	I	S	T	T	Y

ASTRONAUT
BIOLOG
KIRURG
TANDLÄKARE
DETEKTIV
FILOSOF
FOTOGRAF
JOURNALIST
ILLUSTRATÖR
INGENJÖR
LÄRARE
UPPFINNARE
UTREDARE
LINGVIST
LÄKARE
PILOT
MÅLARE
FORSKARE
ZOOLOG

56 - Letteratura

T	I	C	S	B	J	T	O	D	K	E	N	A	D	H
R	B	K	C	E	R	N	E	G	I	E	I	O	I	N
A	G	Z	U	S	O	C	T	M	F	U	G	D	A	G
G	I	N	B	K	F	N	K	I	A	C	V	H	L	R
E	M	T	Y	R	A	R	T	R	R	E	L	L	O	P
D	M	I	H	I	T	J	K	U	G	N	V	E	G	R
I	V	D	K	V	E	M	I	G	O	L	A	N	A	P
B	K	O	B	N	M	Z	S	M	I	U	I	W	Y	O
X	N	G	R	I	Y	O	Å	O	B	L	S	T	J	E
J	F	S	D	N	R	O	M	A	N	I	S	K	S	T
T	F	V	Y	G	C	Y	Y	D	U	W	W	I	H	I
R	B	E	S	L	E	R	Ö	F	M	Ä	J	D	O	S
C	P	U	S	T	A	S	T	U	L	S	N	N	C	K
I	M	N	R	G	R	N	O	S	O	P	B	I	Y	V
F	M	T	F	Ö	R	F	A	T	T	A	R	E	S	K

ANALYS
ANALOGI
ANEKDOT
FÖRFATTARE
BIOGRAFI
SLUTSATS
JÄMFÖRELSE
BESKRIVNING
DIALOG
GENRE
METAFOR
ÅSIKT
DIKT
POETISK
RIM
RYTM
ROMAN
STIL
TEMA
TRAGEDI

57 - Cibo #2

Ä	G	U	J	T	F	P	B	A	Z	I	H	M	J	H
Z	G	Y	V	C	K	B	T	F	C	O	K	A	V	S
G	T	G	Y	O	G	H	U	R	T	B	R	F	W	V
J	S	O	B	Z	N	W	R	T	X	F	K	G	V	T
H	R	F	M	K	Y	C	K	L	I	N	G	O	J	S
S	O	H	H	A	T	N	A	L	P	G	G	Ä	O	K
V	B	S	E	D	T	B	R	O	C	C	O	L	I	I
A	R	I	T	F	I	S	K	D	R	U	V	A	R	N
M	Ö	R	E	L	P	P	Ä	C	Ä	W	A	S	E	K
P	D	I	V	I	S	E	B	H	B	Y	M	S	L	A
J	N	E	K	I	W	I	E	O	S	Y	T	B	L	E
A	O	L	J	L	X	K	T	K	R	W	T	A	E	L
X	H	L	W	A	B	Z	U	L	Ö	U	P	N	S	H
L	Y	I	T	S	P	T	E	A	K	N	Y	A	L	C
H	A	Y	C	N	J	T	A	D	F	T	K	N	K	O

BANAN
BROCCOLI
KÖRSBÄR
CHOKLAD
OST
SVAMP
VETE
KIWI
ÄPPLE
ÄGGPLANTA
BRÖD
FISK
KYCKLING
TOMAT
SKINKA
RIS
SELLERI
ÄGG
DRUVA
YOGHURT

58 - Nutrizione

J	K	R	P	J	V	R	V	B	F	G	A	V	C	L
Ä	R	E	R	F	I	H	I	A	R	N	C	S	M	U
S	Y	T	O	L	T	Ä	T	L	I	C	K	S	G	F
N	D	A	T	M	A	L	N	A	S	I	H	W	H	C
I	D	R	E	G	M	S	R	N	K	Y	O	M	M	P
N	O	D	I	D	I	A	B	S	A	K	D	P	G	J
G	R	Y	N	K	N	D	T	E	T	I	L	A	V	K
U	I	H	E	B	A	J	N	R	X	M	A	S	R	T
L	T	L	R	V	O	L	M	A	D	V	O	G	E	L
R	R	O	T	S	O	K	O	D	A	P	T	I	T	M
A	R	K	K	Ä	Å	I	G	R	O	K	S	T	Ä	V
V	D	E	I	A	X	S	J	S	I	G	J	F	F	Z
G	Y	G	V	L	L	V	V	J	G	E	D	P	S	W
N	Ä	R	I	N	G	S	Ä	M	N	E	R	D	X	P
C	G	N	N	B	I	T	T	E	R	T	O	X	I	N

BITTER
APTIT
BALANSERAD
KALORIER
KOLHYDRATER
ÄTLIG
KOST
JÄSNING
VÄTSKOR
NÄRINGSÄMNE
VIKT
PROTEINER
KVALITET
SÅS
HÄLSA
FRISKA
KRYDDOR
TOXIN
VITAMIN

59 - Matematica

R	S	D	I	N	W	N	O	S	O	I	F	I	J	I
E	U	E	R	W	O	O	O	D	M	Y	I	O	K	N
K	M	C	W	R	A	G	R	W	K	B	G	T	R	T
T	M	I	U	A	Y	Y	N	Y	R	F	I	R	I	P
A	A	M	I	D	G	L	G	O	E	R	S	A	L	A
N	D	A	R	I	T	O	R	G	T	A	H	L	C	R
G	U	L	T	E	L	P	Z	B	S	K	B	K	U	A
E	L	W	E	R	W	N	S	D	T	T	Z	N	A	L
L	T	I	M	A	I	N	O	I	S	I	V	I	D	L
D	I	A	M	E	T	E	R	I	A	O	Z	V	C	E
K	T	F	Y	L	I	H	N	V	T	N	G	U	R	L
O	F	P	S	O	J	L	E	G	N	A	I	R	T	L
V	I	N	K	E	L	R	Ä	T	N	F	V	G	X	G
G	E	O	M	E	T	R	I	G	M	S	A	K	H	G
E	X	P	O	N	E	N	T	V	O	L	Y	M	E	L

VINKLAR
DECIMAL
DIAMETER
DIVISION
EKVATION
EXPONENT
FRAKTION
GEOMETRI
PARALLELL
OMKRETS
VINKELRÄT
POLYGON
TORG
RADIE
REKTANGEL
SYMMETRI
SUMMA
TRIANGEL
VOLYM

60 - Meditazione

J	A	G	I	C	V	C	D	D	P	M	R	T	O	T
O	N	K	O	C	I	P	D	F	S	K	Ö	A	B	Y
B	V	L	T	D	T	N	K	W	Y	V	R	C	S	S
T	O	C	A	E	K	S	B	S	K	R	E	K	E	T
E	I	I	N	R	E	Ä	L	B	I	P	L	S	R	N
H	W	G	K	F	P	T	N	O	S	Y	S	A	V	A
R	Å	A	A	T	S	F	G	N	K	E	E	M	A	D
A	Y	L	R	T	R	R	U	T	A	N	O	H	T	J
L	Y	S	L	U	E	A	L	H	G	N	A	E	I	E
K	A	N	F	N	P	T	O	U	N	I	D	T	O	M
W	B	Ä	U	W	I	X	L	C	G	S	S	E	N	U
W	D	K	E	W	Y	N	K	Ä	N	S	L	O	R	S
S	A	D	N	A	C	D	G	O	I	Y	G	K	N	I
J	T	E	H	G	I	L	N	Ä	V	L	K	A	I	K
Z	L	M	K	E	E	S	J	U	E	M	L	K	R	D

GODKÄNNANDE
LUGN
KLARHET
MEDKÄNSLA
KÄNSLOR
VÄNLIGHET
TACKSAMHET
PSYKISK
SINNE
RÖRELSE
MUSIK
NATUR
OBSERVATION
FRED
TANKAR
HÅLLNING
PERSPEKTIV
ANDAS
TYSTNAD

61 - Elettricità

L	M	X	J	R	F	T	U	M	T	N	O	E	U	W
J	O	Z	L	Z	T	V	T	A	E	Ä	B	R	L	G
G	O	Z	K	Y	O	S	T	G	L	T	J	T	W	I
N	K	A	B	E	L	F	A	N	E	V	E	X	G	M
I	J	N	L	O	M	G	G	E	F	E	K	B	N	N
N	E	L	A	M	P	A	N	T	O	R	T	G	V	G
T	R	Å	D	M	E	A	E	I	N	K	M	M	M	E
S	E	J	M	H	G	O	G	B	R	E	Z	W	X	N
U	S	I	R	E	T	T	A	B	D	G	I	K	V	E
R	A	I	M	H	T	E	T	I	T	N	A	V	K	R
T	L	E	C	M	K	S	I	R	T	K	E	L	E	A
U	M	Y	J	M	A	D	V	I	T	I	S	O	P	T
D	X	G	L	Ö	D	L	A	M	P	A	T	V	S	O
E	L	E	K	T	R	I	K	E	R	D	S	O	L	R
X	Y	D	Z	Y	Z	L	R	X	P	X	U	C	I	E

UTRUSTNING
BATTERI
KABEL
LAGRING
ELEKTRIKER
ELEKTRISK
TRÅD
GENERATOR
LAMPA
GLÖDLAMPA
LASER
MAGNET
NEGATIV
OBJEKT
POSITIV
UTTAG
KVANTITET
NÄTVERK
TELEFON
TV

62 - Antiquariato

M	B	S	K	U	L	P	T	U	R	I	P	M	J	D
S	K	O	N	S	T	G	N	M	O	N	D	Y	B	E
I	T	C	V	N	M	O	K	Y	Y	V	M	N	N	K
R	X	I	Z	S	T	X	D	X	P	E	A	T	L	O
P	U	V	L	E	B	Ö	M	U	E	S	U	B	E	R
L	A	M	M	A	G	L	K	Z	I	T	T	C	D	A
A	A	L	A	M	I	A	A	K	T	E	E	Y	A	T
K	U	G	A	L	L	E	R	I	H	R	N	V	R	I
I	V	K	I	V	N	K	L	B	P	I	T	Ä	D	V
T	C	A	T	N	A	G	E	L	E	N	I	R	N	X
Y	D	Z	L	I	V	I	B	H	G	G	S	D	U	W
L	F	J	I	I	O	J	F	M	J	U	K	E	H	F
S	T	O	G	W	T	N	E	D	N	O	I	T	R	Å
X	D	L	W	O	D	E	A	M	Z	B	M	P	Å	H
B	Y	F	H	D	N	Å	T	S	L	L	I	T	S	T

KONST
AUKTION
AUTENTISK
TILLSTÅND
ÅRTIONDEN
DEKORATIV
ELEGANT
GALLERI
OVANLIG
INVESTERING

MÖBEL
MYNT
PRIS
KVALITET
SKULPTUR
ÅRHUNDRADE
STIL
VÄRDE
GAMMAL

63 - Escursionismo

F	B	O	I	Z	Z	S	F	C	T	A	M	I	L	K
O	Ö	U	A	C	M	Y	A	A	I	O	K	U	V	A
C	R	R	U	T	A	N	Z	P	Z	C	C	S	I	R
C	R	I	B	D	J	U	R	A	N	E	T	S	L	T
T	A	S	E	E	U	F	H	R	U	D	X	K	D	A
U	L	M	L	N	R	R	E	K	S	I	R	H	M	P
N	V	L	P	E	T	E	C	E	C	U	N	S	P	P
G	Ö	R	Y	I	C	E	D	R	W	G	D	E	G	I
O	T	V	Y	M	N	O	R	E	T	R	Ö	T	T	L
E	S	G	V	O	H	G	X	I	L	O	S	Ö	N	K
P	J	W	A	O	A	I	V	F	N	S	G	M	B	N
Z	D	U	T	R	L	S	R	P	W	G	E	P	S	A
N	U	P	T	Y	D	C	R	K	D	I	P	P	Y	Y
F	F	S	E	B	E	R	G	R	J	T	N	O	I	J
G	E	N	N	H	P	D	X	M	V	Y	O	T	P	N

VATTEN
DJUR
CAMPING
KLIMAT
GUIDE
KARTA
BERG
NATUR
ORIENTERING
PARKER
RISKER
TUNG
STENAR
FÖRBEREDELSE
KLIPPA
VILD
SOL
TRÖTT
STÖVLAR
TOPPMÖTE

64 - Professioni #1

X	U	N	R	B	I	E	P	J	Ä	G	A	R	E	R
L	E	R	E	R	A	K	S	R	O	F	S	K	V	Z
T	J	L	H	V	I	F	Y	D	A	N	S	A	R	E
A	A	W	R	Z	Y	K	K	K	K	A	P	K	E	V
P	F	K	M	D	Y	Y	O	O	S	M	R	A	K	J
O	G	E	O	L	O	G	L	N	R	B	E	R	I	U
T	T	R	N	V	S	C	O	S	E	A	D	T	S	V
E	E	A	O	K	D	B	G	T	T	S	A	O	U	E
K	L	N	R	H	J	A	P	N	Ö	S	K	G	M	L
A	Z	Ä	T	D	X	K	K	Ä	K	A	T	R	H	E
R	F	R	S	M	Z	U	X	R	S	D	Ö	A	M	R
E	G	T	A	X	P	G	D	L	K	Ö	R	F	U	A
B	A	N	K	I	R	A	U	T	U	R	P	D	H	R
R	Ö	R	M	O	K	A	R	E	J	R	Y	J	L	E
P	I	A	N	I	S	T	Z	X	S	L	N	M	K	Z

TRÄNARE
AMBASSADÖR
KONSTNÄR
ASTRONOM
ADVOKAT
DANSARE
BANKIR
JÄGARE
KARTOGRAF
REDAKTÖR
APOTEKARE
GEOLOG
JUVELERARE
RÖRMOKARE
SJUKSKÖTERSKA
MUSIKER
PIANIST
PSYKOLOG
FORSKARE

65 - Antartide

G	M	I	N	E	R	A	L	E	R	E	R	R	O	Z
P	L	V	E	T	E	N	S	K	A	P	L	I	G	K
E	R	A	K	S	R	O	F	I	J	Z	T	L	G	O
X	A	D	C	J	R	J	H	V	T	R	C	L	U	N
U	L	G	C	I	F	A	R	G	O	E	G	W	Y	T
M	A	A	N	T	Ä	P	A	E	E	V	U	X	X	I
M	V	S	D	D	G	R	Ö	L	M	X	H	D	V	N
S	I	M	O	L	N	O	E	S	T	E	N	I	G	E
T	X	G	G	R	U	T	A	R	E	P	M	E	T	N
H	X	R	R	N	O	I	T	I	D	E	P	X	E	T
N	A	F	K	A	D	W	R	S	G	M	I	L	J	Ö
Y	J	L	S	T	T	V	A	T	T	E	N	F	M	S
F	Y	L	V	H	Z	I	F	A	R	G	O	P	O	T
B	C	I	D	Ö	S	J	O	G	B	J	E	C	E	Z
N	O	O	V	U	M	E	D	N	A	R	A	V	E	B

VATTEN
MILJÖ
VIK
VALAR
BEVARANDE
KONTINENT
GEOGRAFI
GLACIÄRER
IS
ÖAR

MIGRATION
MINERALER
MOLN
HALVÖ
FORSKARE
STENIG
VETENSKAPLIG
EXPEDITION
TEMPERATUR
TOPOGRAFI

66 - Libri

I	X	S	R	F	B	Ä	P	P	L	N	R	H	T	F
S	F	X	O	U	U	V	D	W	C	E	O	I	R	Ö
E	A	T	N	A	V	E	L	E	R	D	M	S	A	R
O	E	M	O	P	O	N	N	F	Ä	S	A	T	G	F
P	S	D	M	F	F	T	U	E	R	Ä	N	O	I	A
B	L	J	U	A	S	Y	K	X	E	N	V	R	S	T
S	E	I	R	A	N	R	N	U	T	K	W	I	K	T
Y	T	R	T	R	L	H	U	M	T	N	D	S	S	A
G	T	Y	Ä	C	R	I	A	Y	I	I	M	K	I	R
M	Ä	K	P	T	V	Y	T	N	L	N	W	S	P	E
G	R	E	Z	L	T	D	G	E	G	G	W	I	E	R
J	E	C	U	G	M	A	F	N	T	R	J	D	W	A
N	B	L	Y	W	K	R	R	T	E	B	D	A	J	S
S	K	R	I	V	S	X	M	E	O	O	X	N	E	Ä
H	Z	S	A	M	L	I	N	G	S	K	E	B	R	L

FÖRFATTARE
ÄVENTYR
SAMLING
SAMMANHANG
DUALITET
EPISK
NEDSÄNKNING
LITTERÄR
LÄSARE
BERÄTTARE
SIDA
POESI
RELEVANT
ROMAN
SKRIVS
RAD
BERÄTTELSE
HISTORISK
TRAGISK

67 - Geografia

O	N	B	W	C	C	S	D	E	I	B	K	B	S	R
K	M	L	H	N	X	H	X	W	E	E	O	R	B	A
A	M	R	N	H	V	Ä	R	L	D	R	N	E	H	S
R	G	R	Å	C	A	O	Y	W	J	G	T	D	A	I
T	R	O	J	D	O	L	F	I	Ö	R	I	D	V	Y
A	B	N	W	G	E	S	V	Z	H	H	N	G	L	B
P	C	E	E	D	P	Ö	B	K	K	H	E	R	S	L
A	P	T	M	N	X	D	W	U	L	F	N	A	C	W
L	A	N	D	I	B	E	H	A	H	O	T	D	V	D
G	N	A	I	D	I	R	E	M	A	J	T	K	Ö	P
Z	I	N	E	J	G	S	V	Y	L	X	T	S	I	T
O	N	S	S	D	U	T	I	G	N	O	L	W	Ä	B
A	R	N	T	D	J	A	D	X	D	D	K	D	Z	V
Z	A	I	I	A	L	D	C	G	A	T	L	A	S	G
T	E	R	R	I	T	O	R	I	U	M	P	P	C	F

HÖJD
ATLAS
STAD
KONTINENT
HALVKLOT
FLOD
BREDDGRAD
LONGITUD
KARTA
HAV

MERIDIAN
VÄRLD
BERG
NORR
VÄST
LAND
OMRÅDE
SÖDER
TERRITORIUM

68 - Cibo #1

R	O	X	G	Z	S	O	C	K	E	R	O	S	C	G
V	O	L	F	M	E	N	D	T	C	A	G	A	Z	Z
R	A	V	D	P	C	B	O	E	N	O	B	L	X	U
W	F	N	A	K	I	L	I	S	A	B	C	T	K	O
C	N	A	L	L	U	E	S	E	K	J	G	A	P	G
H	K	F	L	Ö	J	N	Y	K	A	B	T	N	G	S
N	R	C	A	J	V	A	F	J	K	G	R	E	B	P
U	L	I	S	M	B	K	A	C	K	R	O	P	K	Z
P	E	T	T	Ö	K	V	I	T	L	Ö	K	S	M	Y
P	N	R	B	M	Ö	O	T	O	N	F	I	S	K	V
U	O	O	I	Y	L	E	R	M	Y	N	T	A	O	Y
F	F	N	F	F	F	T	H	N	N	F	O	B	B	H
U	D	G	C	F	V	K	N	K	D	U	R	R	C	A
T	M	Y	D	L	B	B	U	G	D	R	O	J	Ä	O
R	E	P	R	X	V	R	M	E	B	Y	M	C	F	P

VITLÖK
BASILIKA
KANEL
KÖTT
MOROT
LÖK
JORDGUBB
SALLAD
MJÖLK
CITRON
MYNTA
KORN
PÄRON
ROVA
SALT
SPENAT
JUICE
TONFISK
KAKA
SOCKER

69 - Etica

R	T	Å	L	A	M	O	D	D	V	S	S	L	R	I
F	E	D	O	E	N	E	D	R	Ä	V	I	D	A	N
S	N	A	R	E	L	O	T	A	N	G	A	I	T	D
A	R	N	L	I	F	O	S	O	L	I	F	P	I	I
M	S	I	M	I	T	P	O	H	I	L	H	L	O	V
A	H	X	W	J	S	M	J	N	G	M	T	O	N	I
R	F	U	D	X	T	M	G	S	H	I	V	M	A	D
B	V	T	O	P	S	X	O	M	E	R	L	A	L	U
E	J	Y	Y	G	O	Z	I	D	T	D	G	T	I	A
T	E	H	G	I	L	R	Ä	M	S	Y	G	I	T	L
E	V	Ä	R	D	I	G	H	E	T	I	R	S	E	I
I	N	T	E	G	R	I	T	E	T	G	V	K	T	S
R	E	S	P	E	K	T	F	U	L	L	U	B	I	M
R	Z	X	K	M	E	D	K	Ä	N	S	L	A	L	B
M	Ä	N	S	K	L	I	G	H	E	T	E	N	O	D

MEDKÄNSLA
SAMARBETE
VÄRDIGHET
DIPLOMATISK
FILOSOFI
VÄNLIGHET
INDIVIDUALISM
INTEGRITET
ÄRLIGHET
OPTIMISM
TÅLAMOD
RIMLIG
RATIONALITET
REALISM
RESPEKTFULL
VISDOM
TOLERANS
MÄNSKLIGHETEN
VÄRDEN

70 - Aeroplani

H	Z	S	N	E	L	U	B	R	U	T	R	O	J	T
Ä	V	E	N	T	Y	R	N	A	V	I	G	E	R	A
U	L	R	G	Ä	O	B	U	A	T	I	A	H	B	H
H	A	A	I	V	B	L	T	O	Z	H	T	I	E	T
Ö	N	R	S	U	B	H	I	Y	I	Y	M	M	S	D
J	D	E	E	M	W	I	G	P	F	T	O	M	Ä	B
D	N	G	D	E	L	S	N	Ä	R	B	S	E	T	G
H	I	A	L	R	O	T	O	M	H	J	F	L	T	W
Ä	N	S	X	C	Y	O	L	U	F	T	Ä	U	N	U
R	G	S	Y	X	C	R	L	I	Y	T	R	O	I	F
K	G	A	M	B	E	I	A	L	R	H	S	O	N	S
O	E	P	G	I	V	A	B	F	I	F	R	F	G	J
M	J	C	K	O	N	S	T	R	U	K	T	I	O	N
S	R	I	K	T	N	I	N	G	D	A	B	M	Z	U
T	L	A	A	R	D	P	V	U	W	V	W	K	C	N

HÖJD
LUFT
ATMOSFÄR
LANDNING
ÄVENTYR
BRÄNSLE
HIMMEL
KONSTRUKTION
DESIGN
RIKTNING

HÄRKOMST
BESÄTTNING
VÄTE
MOTOR
NAVIGERA
BALLONG
PASSAGERARE
PILOT
HISTORIA
TURBULENS

71 - Governo

K	M	H	D	L	D	G	G	K	P	D	C	P	R	G
B	Z	J	I	H	R	O	P	C	M	I	L	A	T	X
N	R	E	L	U	X	T	U	G	E	S	R	A	O	A
O	B	E	R	O	E	N	D	E	D	K	Ä	S	G	E
I	Z	L	I	S	Z	E	D	P	B	U	T	I	D	N
T	A	T	S	T	I	M	I	O	O	S	T	V	E	A
U	N	W	F	E	T	U	S	L	R	S	S	T	B	T
T	S	A	N	H	A	N	T	I	G	I	L	T	H	I
I	K	M	T	K	R	O	R	T	A	O	I	Ä	C	O
T	Z	S	E	I	K	M	I	I	R	N	G	R	I	N
S	V	W	H	L	O	K	K	K	S	L	J	K	V	F
N	T	G	I	M	M	N	T	Y	K	S	S	E	I	Z
O	H	M	R	Ä	E	C	E	R	A	D	E	L	L	H
K	K	U	F	J	D	V	E	L	P	W	C	O	B	S
C	T	J	S	D	Y	C	C	O	L	O	B	M	Y	S

LEDARE
MEDBORGARSKAP
CIVIL
KONSTITUTION
DEMOKRATI
TAL
DISKUSSION
RÄTTSLIG
RÄTTVISA
OBEROENDE
LAG
FRIHET
MONUMENT
NATIONELL
NATION
POLITIK
DISTRIKT
SYMBOL
STAT
JÄMLIKHET

72 - Bellezza

W	Z	T	R	R	H	U	D	T	S	I	L	Y	T	S
K	O	S	M	E	T	I	K	A	C	P	P	R	X	P
Z	P	J	R	T	N	A	G	E	L	E	E	V	Z	J
V	M	U	A	K	O	F	Z	T	Ä	L	S	G	L	X
X	A	S	H	U	B	K	M	F	P	V	H	E	E	O
Z	H	T	C	D	J	M	A	I	Ä	N	J	L	J	L
J	C	L	O	O	Å	N	S	T	R	R	K	E	B	X
Z	S	M	M	R	V	N	C	S	D	E	G	G	P	I
D	O	F	T	P	W	A	A	P	H	T	Z	A	L	P
O	L	J	O	R	C	X	R	P	O	S	C	N	J	D
D	J	S	L	P	G	V	A	Ä	A	N	H	S	A	G
V	X	W	W	O	O	K	A	L	W	Ä	R	O	I	B
F	O	T	O	G	E	N	I	S	K	J	O	R	T	G
L	O	C	K	A	R	H	O	A	I	T	B	D	V	T
P	F	Z	O	P	M	F	Z	F	P	T	B	P	H	T

FÄRG
KOSMETIKA
ELEGANT
ELEGANS
CHARM
SAX
FOTOGENISK
DOFT
NÅD
SLÄT
MASCARA
OLJOR
HUD
PRODUKTER
LOCKAR
LÄPPSTIFT
TJÄNSTER
SCHAMPO
SPEGEL
STYLIST

73 - Avventura

F	D	N	N	J	N	W	W	R	Y	M	Y	A	S	D
D	B	A	H	A	K	B	J	L	Z	O	F	U	Ä	E
U	T	M	A	N	I	N	G	A	R	D	N	R	K	S
T	F	T	N	Y	M	S	A	I	S	U	T	N	E	T
C	A	G	F	T	E	H	G	I	L	J	Ö	M	R	I
T	E	H	N	Ö	K	S	X	Y	R	N	E	H	H	N
E	V	Ä	N	N	E	R	O	S	E	R	A	E	E	A
H	U	T	F	L	Y	K	T	I	B	F	A	V	T	T
G	F	Ö	R	B	E	R	E	D	E	L	S	E	O	I
I	L	F	A	R	L	I	G	P	A	C	N	S	T	O
R	N	Ä	F	Y	O	Z	B	W	B	Z	S	W	M	N
Å	A	M	D	P	X	E	X	H	N	B	U	D	M	D
V	T	U	S	J	N	A	V	I	G	E	R	I	N	G
S	U	A	K	T	E	T	I	V	I	T	K	A	Z	M
O	R	R	E	S	V	Ä	G	I	T	H	D	R	N	C

VÄNNER
AKTIVITET
SKÖNHET
MOD
DESTINATION
SVÅRIGHET
ENTUSIASM
UTFLYKT
GLÄDJE
OVANLIG
RESVÄG
NATUR
NAVIGERING
NY
MÖJLIGHET
FARLIG
FÖRBEREDELSE
UTMANINGAR
SÄKERHET
RESOR

74 - Forme

P	G	Z	V	G	I	V	J	S	P	I	L	L	E	H
O	V	A	L	Z	G	L	K	J	I	I	S	E	Z	Y
R	H	P	E	S	S	I	Y	W	R	D	O	K	O	P
B	S	V	R	E	D	N	I	L	Y	C	A	R	R	E
M	B	F	J	I	T	J	E	X	K	E	W	I	E	R
I	H	Z	M	V	S	E	K	O	N	M	L	C	K	B
O	W	D	A	O	G	M	K	A	N	T	E	R	T	E
W	M	E	B	P	Z	P	A	V	G	B	L	D	A	L
B	Å	G	E	W	G	E	Y	O	P	F	E	K	N	Z
U	P	O	L	Y	G	O	N	R	J	Y	G	U	G	C
K	D	T	K	F	R	F	U	I	A	I	N	R	E	W
J	K	V	D	M	O	F	G	X	H	M	A	V	L	H
H	S	F	Ä	R	T	T	A	D	G	Z	I	A	Z	Ö
X	Z	H	M	I	K	O	I	H	X	Y	R	D	C	R
F	T	D	O	K	G	W	H	U	Y	Y	T	I	Z	N

HÖRN
BÅGE
KANTER
CIRKEL
CYLINDER
KON
KUB
KURVA
ELLIPS
HYPERBEL
SIDA
LINJE
OVAL
PYRAMID
POLYGON
PRISMA
TORG
REKTANGEL
SFÄR
TRIANGEL

75 - Oceano

Y	F	D	T	Z	A	H	P	K	O	R	Ä	K	A	K
O	T	P	G	X	B	R	B	X	L	W	T	N	P	R
B	Å	T	E	N	A	M	Å	L	V	Å	G	O	R	A
L	B	N	O	I	H	R	R	C	L	E	X	R	Y	B
T	Z	A	T	Y	M	Y	G	W	P	C	R	T	L	B
C	C	N	O	K	V	T	O	A	X	M	F	S	A	A
U	M	Y	N	S	G	L	I	D	D	E	P	O	U	S
H	M	H	F	I	R	A	H	D	H	L	J	O	R	U
S	A	O	I	F	S	S	I	A	V	L	W	N	K	I
H	O	J	S	K	M	B	F	P	M	A	V	S	Z	A
U	T	U	K	C	A	S	P	D	R	R	T	K	D	S
V	A	L	N	Ä	A	J	E	L	O	O	O	T	J	L
G	M	D	E	L	F	I	N	Ö	T	K	K	J	E	U
R	L	M	D	B	N	G	J	K	S	I	F	S	D	N
Y	B	S	G	B	G	Y	O	S	X	R	D	E	A	J

ÅL
VAL
BÅT
KORALL
DELFIN
RÄKA
KRABBA
TIDVATTEN
MANET
VÅGOR
OSTRON
FISK
BLÄCKFISK
SALT
REV
SVAMP
HAJ
SKÖLDPADDA
STORM
TONFISK

76 - Veicoli

B	Z	N	R	E	V	O	M	B	Z	F	Y	T	A	U
S	U	M	O	T	O	R	E	Z	T	Ä	K	R	M	H
S	R	S	R	T	A	L	E	O	S	R	P	A	B	E
W	O	E	S	O	A	Y	L	T	D	J	Y	K	U	L
F	O	U	V	L	L	G	F	L	O	A	I	T	L	I
F	P	X	M	F	A	F	M	E	F	K	V	O	A	K
L	T	U	N	N	E	L	B	A	N	A	S	R	N	O
Y	T	K	F	J	X	G	N	A	R	N	S	M	S	P
G	Å	T	U	L	A	S	T	B	I	L	C	P	Y	T
P	W	A	Å	I	R	T	U	Y	G	V	X	U	X	E
L	P	X	Z	B	M	P	B	N	C	Y	K	E	L	R
A	R	I	A	G	B	S	Å	H	M	Y	C	Z	N	U
N	G	A	V	S	U	H	T	F	Z	E	Ä	K	X	D
S	W	T	F	X	T	B	O	Z	V	U	D	X	D	H
K	L	R	A	K	E	T	T	Y	D	X	T	B	U	F

FLYGPLAN
AMBULANS
BIL
BUSS
BÅT
CYKEL
LASTBIL
HUSVAGN
HELIKOPTER
TUNNELBANA

MOTOR
DÄCK
RAKET
SKOTER
UBÅT
TAXI
FÄRJA
TRAKTOR
TÅG
FLOTTE

77 - Emozioni

T	N	X	C	O	O	F	F	L	Ö	N	O	Y	U	Ö
C	M	W	H	B	P	R	W	R	I	M	J	U	S	V
R	Ä	D	S	L	A	E	W	L	N	A	H	K	I	E
S	D	Y	U	Z	L	D	Z	S	N	S	I	E	A	R
A	A	D	E	L	N	U	G	X	E	K	Z	L	T	R
V	N	L	U	C	X	Y	G	P	H	C	N	R	E	A
S	T	I	I	S	O	R	G	N	Å	A	Y	Ä	H	S
L	T	L	T	G	D	H	U	A	L	T	L	K	G	K
A	Ä	S	A	O	H	S	A	W	L	W	X	M	I	N
P	L	K	P	O	X	E	J	D	Ä	L	G	S	L	I
P	L	A	M	X	O	B	T	J	R	V	J	O	N	N
N	Y	X	Y	T	D	X	K	Ö	T	D	G	G	Ä	G
A	B	R	S	V	P	X	I	N	I	N	S	I	V	K
D	H	I	K	K	C	F	W	I	F	Z	B	O	B	Z
G	E	N	E	R	A	D	A	S	T	E	H	P	P	U

KÄRLEK
SALIGHET
INNEHÅLL
UPPHETSAD
VÄNLIGHET
GLÄDJE
TACKSAM
GENERAD
LEDA
FRED

RÄDSLA
ILSKA
AVSLAPPNAD
LÄTTNAD
SYMPATI
NÖJD
ÖVERRASKNING
ÖMHET
LUGN
SORG

78 - Natura

T	J	H	U	D	I	M	M	A	L	B	S	Z	N	J
A	V	G	Ö	R	A	N	D	E	U	I	K	G	Y	X
I	C	S	U	L	L	U	G	N	P	N	Y	K	H	D
G	B	X	K	S	I	M	A	N	Y	D	D	G	C	T
N	O	I	S	O	R	E	A	N	R	O	D	E	V	H
L	O	L	I	A	G	H	Z	R	K	L	F	D	S	D
O	E	Ö	P	V	I	L	D	Ö	K	F	I	J	R	A
M	K	V	O	B	U	X	E	J	K	T	E	J	S	T
N	X	V	R	Ä	I	C	A	L	G	E	I	T	D	D
D	Y	E	T	E	H	N	Ö	K	S	D	N	S	L	Z
T	U	R	F	P	O	A	U	H	Z	M	M	Z	K	G
N	E	K	N	S	F	B	W	R	C	K	R	G	D	V
D	W	A	W	P	S	E	T	H	Z	E	T	R	T	E
Y	D	A	T	S	I	R	F	J	D	J	U	R	O	M
U	R	R	J	P	V	G	W	M	S	V	B	A	N	E

DJUR
BIN
ARKTISK
SKÖNHET
ÖKEN
DYNAMISK
EROSION
FLOD
LÖVVERK
SKOG

GLACIÄR
BERG
DIMMA
MOLN
SKYDD
FRISTAD
VILD
LUGN
TROPISK
AVGÖRANDE

79 - Balletto

I	S	K	O	M	P	O	S	I	T	Ö	R	B	V	M
O	N	X	K	M	G	M	M	U	S	K	L	E	R	U
R	B	T	B	W	E	K	P	F	I	K	D	L	E	S
K	A	U	E	V	S	E	Z	O	O	O	S	L	Y	I
E	L	J	G	N	T	S	A	O	F	R	I	B	B	K
S	L	S	R	W	S	K	H	D	I	E	E	D	Y	U
T	E	T	A	V	Ö	I	W	D	Y	O	R	Y	T	M
E	R	I	C	S	G	L	T	W	G	G	A	T	E	F
R	I	L	I	V	L	B	C	E	C	R	S	E	H	Z
H	N	V	Ö	U	I	U	D	Z	T	A	N	K	G	M
J	A	C	S	Y	P	P	Y	F	Y	F	A	N	I	V
A	A	P	P	L	Å	D	E	R	I	I	D	I	D	T
U	T	T	R	Y	C	K	S	F	U	L	L	K	R	M
K	O	N	S	T	N	Ä	R	L	I	G	C	G	Ä	W
R	E	P	E	T	I	T	I	O	N	E	X	W	F	E

FÄRDIGHET
APPLÅDER
KONSTNÄRLIG
BALLERINA
DANSARE
KOMPOSITÖR
KOREOGRAFI
UTTRYCKSFULL
GEST
GRACIÖS
INTENSITET
MUSKLER
MUSIK
ORKESTER
ÖVA
REPETITION
PUBLIK
RYTM
STIL
TEKNIK

80 - Paesi #1

H	U	B	R	A	S	I	L	I	E	N	E	L	O	P
I	N	D	I	E	N	L	A	C	G	T	Y	I	H	V
M	N	T	A	X	A	A	G	N	R	Y	P	B	S	E
J	A	F	J	G	Y	M	E	D	O	S	E	Y	N	N
K	M	R	D	G	H	E	N	Z	N	K	Y	E	Y	E
D	A	S	O	P	M	Z	E	N	I	L	I	N	X	Z
I	N	U	B	C	R	E	S	F	I	A	J	E	C	U
M	A	Z	M	L	K	U	K	C	R	N	X	I	R	E
I	P	P	A	Z	X	O	M	U	A	D	L	N	A	L
B	S	A	K	S	M	W	F	Ä	K	X	H	A	H	A
B	R	R	W	G	D	N	A	L	N	I	F	P	S	D
J	C	M	A	N	T	E	I	V	K	I	P	S	F	A
F	U	T	D	E	N	E	T	P	Y	G	E	D	Y	N
L	A	T	C	G	L	G	T	J	I	R	X	N	D	A
H	E	A	Y	J	U	E	V	K	U	C	B	K	X	K

BRASILIEN
KAMBODJA
KANADA
EGYPTEN
FINLAND
TYSKLAND
INDIEN
IRAK
ISRAEL
LIBYEN

MALI
MAROCKO
NORGE
PANAMA
POLEN
RUMÄNIEN
SENEGAL
SPANIEN
VENEZUELA
VIETNAM

81 - Geometria

A	D	J	Ö	H	P	D	I	S	C	B	N	A	U	L
B	I	G	X	P	H	B	H	I	I	N	R	S	V	T
E	M	O	C	D	X	N	Y	F	R	A	W	O	O	K
R	E	G	H	Z	T	G	T	F	K	I	G	O	L	O
Ä	N	T	J	O	E	N	A	R	E	D	T	T	F	B
K	S	L	U	D	R	M	H	A	L	E	K	N	I	V
N	I	A	N	S	I	I	J	L	R	M	F	E	R	I
I	O	K	O	S	W	A	S	N	R	P	H	M	T	H
N	N	I	I	H	V	V	M	O	Y	F	Z	G	E	N
G	B	T	T	M	G	D	G	E	N	Z	M	E	M	T
P	A	R	A	L	L	E	L	L	T	T	R	S	M	S
G	V	E	V	Z	E	W	K	M	L	E	E	M	Y	P
I	R	V	K	Z	U	D	Z	B	Z	G	R	L	S	S
C	U	J	E	L	E	G	N	A	I	R	T	E	L	Z
B	K	K	X	Y	O	C	M	A	T	E	O	R	I	I

HÖJD
VINKEL
BERÄKNING
CIRKEL
KURVA
DIAMETER
DIMENSION
EKVATION
LOGIK
MEDIAN
SIFFRA
HORISONTELL
PARALLELL
ANDEL
SEGMENT
SYMMETRI
YTA
TEORI
TRIANGEL
VERTIKAL

82 - Foresta Pluviale

U	T	F	P	P	K	S	M	E	H	N	I	J	G	U
A	M	F	I	B	I	E	R	O	R	Y	H	Y	X	V
D	R	E	T	K	E	S	N	I	L	L	M	Y	W	M
H	Y	E	F	Å	G	L	A	R	H	N	C	B	A	O
P	W	A	S	G	E	M	E	N	S	K	A	P	R	S
I	D	B	I	T	K	Y	L	F	L	L	I	T	T	S
N	A	T	U	R	A	H	G	H	I	X	G	J	B	A
H	N	D	G	X	K	U	K	L	I	M	A	T	E	D
K	V	X	J	V	S	W	R	C	K	S	U	O	V	Ä
R	E	U	P	U	I	L	B	E	B	P	U	Z	A	G
D	L	A	F	G	N	Å	M	W	R	P	J	C	R	G
I	R	P	G	T	A	G	G	B	P	I	T	Z	A	D
O	E	H	T	R	T	K	E	M	C	G	N	M	N	J
N	V	E	P	E	O	M	I	L	J	U	G	G	D	U
H	Ö	S	U	D	B	K	I	T	K	E	P	S	E	R

AMFIBIER
BOTANISK
KLIMAT
GEMENSKAP
MÅNGFALD
DJUNGEL
INHEMSK
INSEKTER
DÄGGDJUR
MOSSA
NATUR
MOLN
BEVARANDE
RESTAURERING
TILLFLYKT
RESPEKT
ÖVERLEVNAD
ART
FÅGLAR

83 - Edifici

B	E	P	I	J	S	T	U	G	A	T	N	R	D	J
K	I	R	B	A	F	T	E	H	N	E	G	Ä	L	P
V	I	O	B	J	S	J	E	D	J	F	U	X	P	M
S	I	B	R	Z	M	G	H	A	L	O	K	S	L	U
A	P	K	Ä	I	Y	J	T	D	T	K	S	A	L	I
T	M	J	F	L	W	P	O	A	X	E	V	C	B	R
T	U	B	F	J	J	O	L	L	D	N	R	O	T	O
Ä	E	X	A	H	O	T	E	L	L	S	L	O	T	T
L	S	J	T	S	W	K	V	K	A	U	K	K	W	A
T	U	I	A	W	S	O	A	R	B	H	W	B	W	R
B	M	T	M	B	F	A	U	Y	T	K	T	V	O	O
Y	F	C	H	N	X	N	D	T	D	U	U	S	T	B
S	T	A	D	I	O	N	B	S	A	J	E	O	K	A
V	A	N	D	R	A	R	H	E	M	S	V	O	A	L
O	B	S	E	R	V	A	T	O	R	I	U	M	O	K

AMBASSAD
LÄGENHET
STUGA
SLOTT
BIO
FABRIK
LADA
HOTELL
LABORATORIUM
MUSEUM
SJUKHUS
OBSERVATORIUM
VANDRARHEM
SKOLA
STADION
MATAFFÄR
TEATER
TÄLT
TORN

84 - Malattia

L	I	P	A	R	E	T	O	H	P	T	U	H	G	I
P	Ä	R	T	E	T	I	N	U	M	M	I	Ä	E	N
U	H	N	J	I	T	W	U	V	A	O	P	L	N	F
L	I	E	D	G	Y	L	W	H	K	O	J	S	E	L
M	T	M	O	R	D	N	Y	S	U	N	B	A	T	A
O	Y	U	G	E	Y	U	T	Y	T	K	S	O	I	M
N	X	X	L	L	T	G	I	L	T	F	R	Ä	S	M
E	R	I	H	L	W	A	G	B	H	V	M	S	K	A
L	A	G	G	A	H	V	I	E	G	J	Y	Z	S	T
L	K	N	Z	G	Y	S	F	K	N	Z	Ä	W	K	I
N	E	U	R	O	P	A	T	I	J	F	A	R	H	O
R	E	S	P	I	R	A	T	O	R	I	S	K	T	N
M	B	S	O	E	X	S	M	I	T	T	S	A	M	A
W	U	O	A	P	A	T	O	G	E	N	E	R	Z	T
T	K	S	I	N	O	R	K	Y	N	K	R	O	P	P

AKUT
BUK
ALLERGIER
SMITTSAM
KROPP
KRONISK
HJÄRTA
SVAG
ÄRFTLIG
GENETISK

IMMUNITET
INFLAMMATION
LÄNDRYGGEN
NEUROPATI
PATOGENER
PULMONELL
RESPIRATORISK
HÄLSA
SYNDROM
TERAPI

85 - Paesi #2

U	P	D	U	E	N	I	G	E	R	I	A	I	A	B
H	P	R	E	K	T	C	V	B	J	G	D	N	L	O
A	I	J	H	D	R	I	J	U	A	B	N	D	B	M
R	G	P	P	N	B	A	O	P	A	D	A	O	A	J
D	A	N	M	A	R	K	I	P	C	X	G	N	N	A
J	N	U	F	L	Z	I	S	N	I	L	U	E	I	P
V	I	A	V	K	F	Z	U	A	A	E	D	S	E	A
E	L	S	L	E	Z	E	D	T	M	K	N	I	N	N
B	G	E	L	R	K	D	A	S	A	K	A	E	I	K
K	O	M	V	G	I	W	N	I	J	O	L	N	Y	B
P	C	N	E	P	A	L	W	K	Y	O	S	O	A	L
L	I	B	E	R	I	A	X	A	X	R	S	D	N	D
V	X	S	Y	R	I	E	N	P	K	H	Y	F	Y	R
T	E	M	W	Z	P	V	L	M	D	O	R	T	S	Y
Z	M	E	X	H	A	I	T	I	K	H	P	F	A	G

ALBANIEN
DANMARK
ETIOPIEN
JAMAICA
JAPAN
GREKLAND
HAITI
INDONESIEN
IRLAND
LAOS
LIBERIA
MEXICO
NEPAL
NIGERIA
PAKISTAN
RYSSLAND
SYRIEN
SUDAN
UKRAINA
UGANDA

86 - Tipi di Capelli

S	M	J	U	K	U	C	V	O	R	H	K	S	Z	L
T	I	L	O	C	K	I	G	T	O	C	T	F	T	E
D	D	L	V	I	T	S	L	Ä	T	N	L	A	J	S
V	N	E	V	I	U	F	J	U	Ä	B	M	B	O	P
Y	T	T	J	E	B	S	K	A	L	L	I	G	C	P
D	B	D	A	G	R	Ä	F	Z	F	P	F	J	K	Z
M	Z	U	J	O	R	A	K	C	O	L	P	J	I	F
Y	M	R	A	K	O	W	Y	P	O	D	E	N	G	L
Y	E	D	T	U	T	U	A	I	M	N	U	R	B	Ä
L	U	J	H	E	D	B	Y	T	Z	O	W	W	V	T
S	W	O	L	B	L	N	L	N	V	L	I	C	P	A
A	V	K	N	J	Z	Z	M	F	U	B	Å	N	C	D
H	B	A	K	S	I	R	F	H	U	G	R	N	E	G
B	M	N	R	K	O	R	T	R	B	E	G	U	G	J
G	T	V	L	T	R	Z	H	B	H	V	V	T	R	M

SILVER
TORR
VIT
BLOND
KORT
SKALLIG
FÄRGAD
GRÅ
FLÄTAD
SLÄT
LÅNG
BRUN
MJUK
SVART
LOCKIGT
LOCKAR
FRISKA
TUNN
TJOCK
FLÄTOR

87 - Vestiti

M	R	C	M	X	P	O	F	D	X	S	H	C	G	S
M	O	C	Z	W	Y	X	B	Ö	X	H	S	P	R	K
N	Z	D	Y	U	J	R	O	M	R	O	S	H	U	J
M	G	N	E	U	A	O	G	B	E	K	P	H	Y	O
X	I	A	C	G	M	C	C	A	L	S	L	U	H	R
T	U	B	D	N	A	B	M	R	A	N	O	Ä	F	T
R	D	S	K	W	S	W	Y	A	D	A	J	N	D	A
Ö	Z	L	J	A	C	K	A	K	N	E	K	W	T	E
J	T	A	H	A	T	T	C	S	A	J	Y	O	F	T
A	W	H	X	T	E	K	U	D	S	L	A	H	R	L
K	L	Ä	N	N	I	N	G	N	U	A	H	A	B	Ä
H	P	I	D	L	P	S	R	A	L	W	U	O	X	B
C	C	G	X	X	A	Ä	O	H	B	N	G	U	S	E
R	O	C	G	Y	S	K	L	U	T	B	Y	X	O	R
D	N	H	L	O	X	C	G	S	F	T	R	I	Y	N

KLÄNNING
ARMBAND
BLUS
SKJORTA
HATT
PÄLS
BÄLTE
HALSBAND
JACKA
KJOL

FÖRKLÄDE
HANDSKAR
JEANS
TRÖJA
MODE
BYXOR
PYJAMAS
SANDALER
SKO
HALSDUK

88 - Arte

K	S	X	E	F	I	G	U	R	R	R	T	O	B	Ä
O	Y	U	N	H	U	M	Ö	R	H	U	S	G	Y	R
M	M	P	K	U	P	D	U	S	A	T	C	W	B	L
P	B	X	E	Z	T	U	D	M	P	P	P	A	N	I
L	O	B	L	N	I	T	A	R	D	L	I	K	S	G
E	L	O	C	F	R	T	R	P	M	U	S	I	S	Z
X	H	R	O	H	A	O	E	Y	S	K	E	M	U	I
K	R	N	R	G	G	B	R	S	C	S	O	A	R	O
P	E	R	S	O	N	L	I	G	K	K	P	R	R	R
F	G	N	J	B	I	L	P	W	A	A	V	E	E	I
O	R	L	M	G	N	E	S	O	V	C	P	K	A	G
T	K	B	R	Ä	L	U	N	H	M	K	J	A	L	I
D	Z	N	I	C	Å	S	I	V	M	X	L	Z	I	N
M	L	D	N	D	M	I	Z	I	M	I	V	K	S	A
O	P	B	S	M	A	V	W	O	Z	W	T	L	M	L

KERAMIK
KOMPLEX
SKAPA
MÅLNINGAR
UTTRYCK
FIGUR
INSPIRERAD
ÄRLIG
ORIGINAL
PERSONLIG

POESI
SKILDRA
SKULPTUR
ENKEL
SYMBOL
ÄMNE
SURREALISM
HUMÖR
VISUELL

89 - Meteo

K	M	T	U	F	Y	H	A	B	I	N	R	B	K	V
T	I	E	O	S	T	O	R	M	P	O	T	D	B	I
Y	I	K	Z	R	Ä	F	S	O	M	T	A	H	N	N
K	M	V	K	R	R	O	P	R	S	I	R	B	P	D
T	R	O	P	I	S	K	B	T	X	S	D	L	O	A
L	L	B	L	I	X	T	P	C	B	M	T	G	L	D
T	E	M	P	E	R	A	T	U	R	O	S	E	Ä	N
B	M	G	K	C	Y	B	U	W	K	L	W	P	R	P
E	M	U	Å	V	W	M	W	Y	J	N	G	C	A	F
K	I	L	O	B	G	E	G	V	K	F	N	N	Y	V
L	H	B	F	I	N	A	K	R	O	I	O	U	S	T
I	D	B	U	S	M	G	B	G	H	S	Å	S	K	A
M	T	J	O	G	L	X	E	U	I	K	G	N	H	R
A	K	R	O	T	H	N	O	R	W	N	W	O	G	K
T	I	D	U	D	G	O	V	B	G	K	P	M	T	A

REGNBÅGE
TORR
ATMOSFÄR
BRIS
HIMMEL
KLIMAT
BLIXT
IS
MONSUN
DIMMA
MOLN
POLÄRA
TORKA
TEMPERATUR
STORM
TROMB
TROPISK
ÅSKA
ORKAN
VIND

90 - Corpo Umano

Ö	G	D	I	W	H	J	I	H	K	K	X	T	M	W
Z	R	W	G	B	E	X	K	W	Z	J	X	D	M	D
K	E	A	L	P	R	O	F	C	E	B	M	W	Z	V
O	C	E	H	D	E	L	T	O	F	A	N	K	H	W
D	I	K	D	U	V	U	H	D	O	L	B	U	G	S
N	I	Z	L	H	J	Ä	R	N	A	N	R	F	G	X
Ö	M	A	G	E	N	N	E	A	K	Ä	D	F	H	P
G	B	B	J	G	X	K	G	H	A	S	L	A	H	B
A	N	E	C	Å	Z	A	N	X	H	A	V	L	H	N
D	Z	R	N	B	S	E	I	H	J	Ä	R	T	A	T
E	N	W	E	M	L	X	F	S	P	D	M	O	Z	Y
B	X	H	A	R	M	P	J	C	I	X	I	Z	C	Z
X	O	G	H	A	U	I	X	F	C	M	E	H	I	K
X	I	K	B	F	N	T	C	O	U	H	A	Y	I	U
A	N	S	I	K	T	E	Z	Z	P	C	K	Z	B	W

MUN
FOTLED
HJÄRNA
HALS
HJÄRTA
FINGER
ANSIKTE
BEN
KNÄ
ARMBÅGE
HAND
HAKA
NÄSA
ÖGA
ÖRA
HUD
BLOD
AXEL
MAGE
HUVUD

91 - Mammiferi

C	D	K	R	M	T	I	O	U	K	X	M	W	I	V
Y	T	O	W	S	D	A	I	E	J	A	T	H	L	A
X	E	V	U	D	N	Y	S	F	X	K	I	I	V	R
O	B	J	N	V	B	D	H	M	H	Y	L	I	T	G
G	P	M	R	E	G	R	A	V	E	I	R	Ä	R	P
S	O	L	A	V	H	Å	N	Z	L	F	X	A	J	F
E	P	R	E	R	Y	F	I	Z	E	R	G	X	N	H
R	A	F	I	J	H	U	N	D	F	F	A	R	I	G
U	Å	Y	U	L	O	T	A	N	A	R	B	E	Z	R
J	Z	D	L	Z	L	N	K	Y	N	R	Ö	J	B	Ä
T	E	U	J	C	M	A	P	A	T	G	X	S	L	V
S	C	I	U	U	B	F	K	A	T	T	S	R	E	A
Ä	N	S	R	E	R	K	Ä	N	G	U	R	U	M	B
H	U	M	U	M	O	N	D	D	E	L	F	I	N	B
V	T	U	N	G	K	V	H	T	Y	J	S	C	B	M

VAL
HUND
KÄNGURU
HÄST
RÅDJUR
KANIN
PRÄRIEVARG
DELFIN
ELEFANT
KATT
GIRAFF
GORILLA
LEJON
VARG
BJÖRN
FÅR
APA
TJUR
RÄV
ZEBRA

92 - Arrampicata

C	V	R	Ä	F	S	O	M	T	A	S	E	Z	A	H
A	J	W	J	B	X	T	P	Y	T	K	Y	Z	Y	H
B	R	L	I	N	B	S	A	H	H	A	K	T	E	A
V	A	N	D	R	I	N	G	B	T	D	N	S	X	N
S	G	N	I	N	Ä	R	T	T	I	A	U	M	P	D
N	N	Y	S	G	R	O	T	T	A	L	L	A	E	S
H	I	F	T	G	S	S	V	U	E	V	I	L	R	K
J	N	I	Ö	N	U	D	P	P	H	P	X	T	T	A
Ä	A	K	V	K	X	I	X	J	T	R	G	Y	E	R
L	M	E	L	R	F	R	D	J	Ö	H	D	G	Z	T
M	T	N	A	L	S	V	S	E	F	Y	S	I	S	K
K	U	H	R	Z	S	T	Y	R	K	A	C	D	P	O
T	H	E	R	J	K	A	R	T	A	U	N	E	A	I
V	K	T	T	E	R	R	Ä	N	G	C	D	U	A	N
Z	J	T	Z	B	C	O	C	J	W	I	O	G	G	F

HÖJD
ATMOSFÄR
HJÄLM
NYFIKENHET
VANDRING
EXPERT
FYSISK
TRÄNING
STYRKA
GROTTA
HANDSKAR
GUIDE
SKADA
KARTA
UTMANINGAR
STABILITET
STÖVLAR
SMAL
TERRÄNG

93 - Cucina

I	T	L	J	O	L	B	S	K	R	U	B	G	F	P
N	D	H	H	K	X	E	K	B	Y	A	R	E	J	D
G	A	F	F	L	A	R	E	M	F	L	L	I	R	G
U	N	R	T	Å	M	A	D	A	Ö	U	S	B	Z	Y
M	N	K	F	K	R	N	A	T	R	A	Z	K	N	P
U	A	N	S	S	V	N	R	X	K	T	Y	M	Å	X
S	K	I	J	T	T	I	O	E	L	M	C	X	A	P
J	F	V	E	L	S	P	L	D	Ä	G	W	Z	O	M
S	D	A	P	B	T	T	H	S	D	F	B	D	N	A
I	E	R	U	F	I	Ä	X	E	E	F	R	H	S	V
J	S	R	K	O	P	P	A	R	I	L	A	Y	P	S
F	W	V	V	O	B	K	R	Y	D	D	O	R	S	M
I	E	Y	M	E	P	Z	I	H	E	H	N	C	U	V
R	C	Y	Y	N	T	P	E	C	E	R	A	A	X	E
N	L	Y	P	N	H	T	D	N	Z	U	T	W	S	B

ÄTPINNAR
KANNA
MAT
SKÅL
KNIVAR
FRYS
SKEDAR
GAFFLAR
UGN
KYLSKÅP
FÖRKLÄDE
GRILL
SLEV
RECEPT
KRYDDOR
SVAMP
KOPPAR
SERVETT
BURK

94 - Universo

Z	G	S	V	A	N	A	B	S	P	P	O	L	M	O
G	H	O	X	B	D	H	P	O	K	S	E	L	E	T
A	O	L	E	M	M	I	H	L	S	Y	N	L	I	G
L	R	S	O	O	D	O	O	O	F	M	U	F	H	C
A	I	T	Y	T	W	M	V	R	M	Ö	R	K	E	R
X	S	Å	Y	J	L	H	L	V	E	R	Ä	G	V	M
J	O	N	W	F	E	E	F	B	A	T	F	C	H	T
J	N	D	A	R	G	D	D	E	R	B	S	H	K	M
A	T	U	U	P	M	C	X	B	P	X	O	A	O	M
J	H	T	M	Å	N	E	R	E	E	X	M	L	S	F
M	T	I	A	S	T	R	O	N	O	M	T	V	M	S
R	Y	G	P	E	G	M	L	E	T	J	A	K	I	O
T	V	N	A	S	T	R	O	N	O	M	I	L	S	G
F	B	O	P	X	E	S	H	Z	X	B	Y	O	K	B
K	S	L	E	M	M	I	H	O	N	H	I	T	F	V

ASTEROID
ASTRONOMI
ASTRONOM
ATMOSFÄR
MÖRKER
HIMMELSK
HIMMEL
KOSMISK
HALVKLOT
GALAX
BREDDGRAD
LONGITUD
MÅNE
OMLOPPSBANA
HORISONT
SOL
SOLSTÅND
TELESKOP
SYNLIG

95 - Jazz

I	K	X	T	L	D	V	B	I	F	I	Y	K	O	F
M	E	U	N	A	O	K	K	X	A	O	Z	O	O	A
P	R	Y	T	M	K	I	N	K	E	T	N	N	R	V
R	T	B	D	M	O	I	Y	I	M	Å	E	S	K	O
O	A	B	R	A	N	N	S	E	O	L	K	E	E	R
V	L	I	S	G	S	Y	S	U	P	O	Ä	R	S	I
I	A	I	B	U	T	C	U	O	M	S	N	T	T	T
S	N	W	T	M	N	B	G	C	Z	P	D	L	E	E
A	G	D	M	E	Ä	L	I	S	L	K	G	Z	R	R
T	Z	L	B	W	R	Ö	T	I	S	O	P	M	O	K
I	T	E	U	G	G	N	I	N	O	T	E	B	M	M
O	Y	V	V	H	I	F	E	S	T	I	L	T	M	D
N	O	X	S	U	R	D	X	G	I	S	M	Y	U	V
A	P	P	L	Å	D	E	R	E	R	L	G	P	R	Y
A	L	B	U	M	I	Y	A	W	T	Y	W	W	T	A

ALBUM
APPLÅDER
KONSTNÄR
TRUMMOR
LÅT
KOMPOSITÖR
KONSERT
BETONING
KÄND
GENRE
IMPROVISATION
MUSIK
NY
ORKESTER
FAVORITER
RYTM
STIL
TALANG
TEKNIK
GAMMAL

96 - Vacanze #2

U	T	L	Ä	N	N	I	N	G	K	I	G	X	L	Y
D	H	L	N	D	I	T	I	R	F	A	I	M	F	T
Z	G	I	Ä	T	E	G	C	V	K	I	I	O	P	U
F	N	B	O	T	J	S	S	A	J	Z	B	W	J	G
P	A	S	S	W	S	B	T	H	M	U	S	I	V	N
W	R	T	R	E	S	A	O	I	R	P	V	E	K	V
P	U	A	U	P	T	C	J	M	N	G	I	Y	Z	C
U	A	L	S	T	R	A	N	D	L	A	F	N	C	Z
T	T	P	U	Z	O	L	O	T	L	G	T	M	G	X
B	S	G	T	W	P	D	T	N	E	K	T	I	N	B
S	E	Y	A	T	S	J	O	R	T	Å	G	P	O	Z
N	R	L	X	M	N	W	F	L	O	C	K	U	I	N
V	W	F	I	R	A	G	X	W	H	D	D	I	L	X
H	I	N	B	N	R	E	T	S	E	M	E	S	E	M
H	C	L	B	X	T	K	A	R	T	A	O	S	Ö	V

FLYGPLATS
CAMPING
DESTINATION
FOTON
HOTELL
KARTA
HAV
PASS
RESTAURANG
STRAND
UTLÄNNING
TAXI
FRITID
TÄLT
TRANSPORT
TÅG
SEMESTER
RESA
VISUM

97 - Attività

R	D	O	D	Z	C	J	T	F	L	F	T	J	U	S
G	N	I	R	D	N	A	V	A	P	P	D	W	S	V
G	J	I	C	S	K	J	M	S	Ö	M	N	A	D	I
J	A	K	T	Y	V	O	X	P	C	J	Z	U	L	C
F	H	S	N	B	Z	D	N	K	I	M	A	R	E	K
I	A	N	M	A	G	I	I	S	B	N	V	W	P	S
S	N	E	Ö	B	F	P	B	N	T	L	G	F	S	V
K	T	S	O	J	W	C	K	A	U	F	N	O	C	P
E	V	S	W	W	E	B	H	D	J	U	I	T	W	X
J	E	E	P	U	S	S	E	L	J	J	N	O	Z	X
K	R	R	A	A	B	D	I	B	Y	T	S	G	U	E
H	K	T	E	T	I	V	I	T	K	A	Ä	R	B	R
O	G	N	I	L	P	P	O	K	V	A	L	A	B	O
R	Z	I	F	Ä	R	D	I	G	H	E	T	F	I	N
Z	S	R	E	R	I	F	U	Y	D	I	T	I	R	F

FÄRDIGHET
KONST
HANTVERK
AKTIVITET
JAKT
CAMPING
KERAMIK
SÖMNAD
DANS
VANDRING
FOTOGRAFI
SPEL
INTRESSEN
LÄSNING
MAGI
FISKE
NÖJE
PUSSEL
AVKOPPLING
FRITID

98 - Diplomazia

X	J	V	J	R	K	F	O	A	X	V	Z	Y	A	G
D	L	O	D	A	Å	O	Ö	D	U	I	F	I	M	E
F	N	E	K	Z	R	D	N	R	A	U	U	P	B	M
B	B	N	L	L	J	E	G	F	D	U	G	L	A	E
P	O	L	I	T	I	K	P	I	L	R	Z	N	S	N
S	A	M	A	R	B	E	T	E	V	I	A	A	S	S
U	C	H	D	A	S	S	A	B	M	A	K	G	A	K
D	K	G	S	Ä	K	E	R	H	E	T	R	T	D	A
L	Ö	S	N	I	N	G	D	G	U	H	Z	E	Ö	P
M	E	D	B	O	R	G	E	R	L	I	G	R	R	D
T	O	P	W	K	R	E	G	E	R	I	N	G	P	F
I	N	T	E	G	R	I	T	E	T	E	U	C	T	Y
R	E	S	O	L	U	T	I	O	N	C	P	W	B	W
D	I	P	L	O	M	A	T	I	S	K	I	T	E	O
M	E	D	B	O	R	G	A	R	E	B	W	V	C	B

AMBASSAD
AMBASSADÖR
MEDBORGARE
MEDBORGERLIG
GEMENSKAP
KONFLIKT
RÅDGIVARE
SAMARBETE
DIPLOMATISK
ETIK
REGERING
INTEGRITET
POLITIK
RESOLUTION
SÄKERHET
LÖSNING
FÖRDRAG

99 - Forniture Artistiche

D	T	K	C	Ä	L	B	R	O	X	M	G	F	Y	P
I	C	H	R	Z	V	E	M	N	X	B	G	Ä	P	E
K	A	M	E	R	A	Z	R	E	É	D	I	R	T	N
W	T	E	T	I	V	I	T	A	E	R	K	G	R	N
S	U	D	D	G	U	M	M	I	J	L	X	E	Ä	O
J	M	Z	G	M	V	T	T	X	R	L	I	R	K	R
C	W	N	U	A	A	P	J	J	V	V	O	M	O	A
I	L	F	F	A	T	S	F	Ä	R	G	W	W	L	K
T	G	O	M	V	T	T	L	F	M	Y	N	V	B	R
A	J	D	C	J	E	O	P	A	P	P	E	R	O	Y
B	R	Z	Y	I	N	L	O	A	N	A	E	W	R	L
E	A	K	V	A	R	E	L	L	E	R	U	R	S	N
L	H	Z	L	V	J	A	X	P	D	L	E	F	T	R
L	U	W	K	K	E	X	S	M	X	U	U	A	A	G
W	S	N	S	M	N	E	C	U	W	B	A	W	R	H

VATTEN
AKVARELLER
AKRYL
LERA
TRÄKOL
PAPPER
STAFFLI
LIM
FÄRGER
KREATIVITET
SUDDGUMMI
IDÉER
BLÄCK
PENNOR
OLJA
STOL
BORSTAR
TABELL
KAMERA
FÄRG

100 - Misurazioni

V	V	T	D	T	K	W	Y	R	B	A	C	M	H	D
O	W	A	H	S	Y	I	H	M	D	T	T	L	S	S
V	X	R	N	I	C	J	L	Ö	U	Y	M	B	D	W
T	L	I	T	E	R	U	B	O	J	G	R	A	D	N
X	A	B	Y	N	Z	I	E	R	M	D	G	N	Ä	L
J	M	Y	L	O	V	I	K	T	E	E	T	Y	B	D
K	I	L	O	G	R	A	M	M	V	D	T	L	W	J
F	C	T	A	X	H	M	E	T	E	R	D	E	N	U
R	E	T	E	M	I	T	N	E	C	J	T	S	R	P
C	D	U	M	A	S	S	A	L	S	N	U	I	A	O
B	Y	N	B	P	Z	S	O	H	I	E	M	N	O	E
F	A	I	L	B	T	W	F	O	V	U	M	U	A	S
N	C	M	T	E	S	T	O	N	X	F	E	E	D	N
P	S	X	H	H	Y	F	K	M	J	B	Y	D	D	I
G	W	G	R	A	M	D	T	N	D	Z	W	G	E	A

HÖJD
BYTE
CENTIMETER
KILOGRAM
KILOMETER
DECIMAL
GRAD
GRAM
BREDD
LITER
LÄNGD
MASSA
METER
MINUT
UNS
VIKT
TUM
DJUP
TON
VOLYM

1 - Salute e Benessere #2

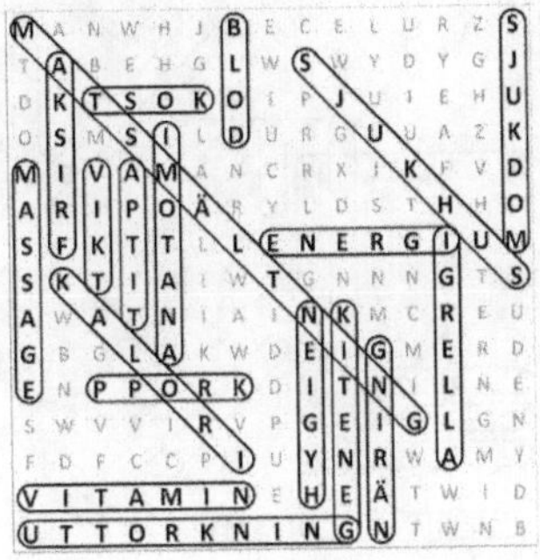

2 - Aggettivi #2

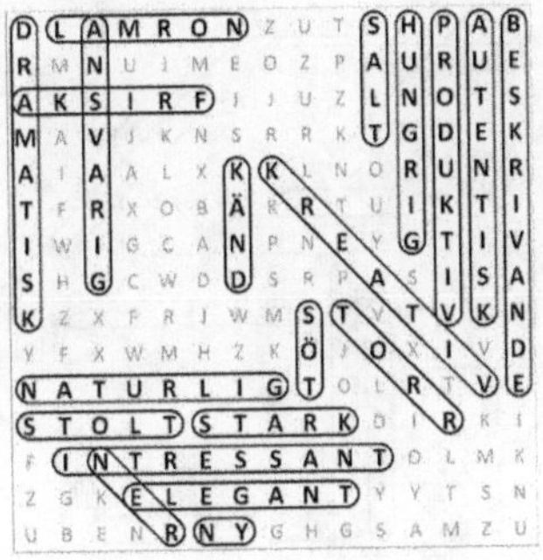

3 - Ingegneria

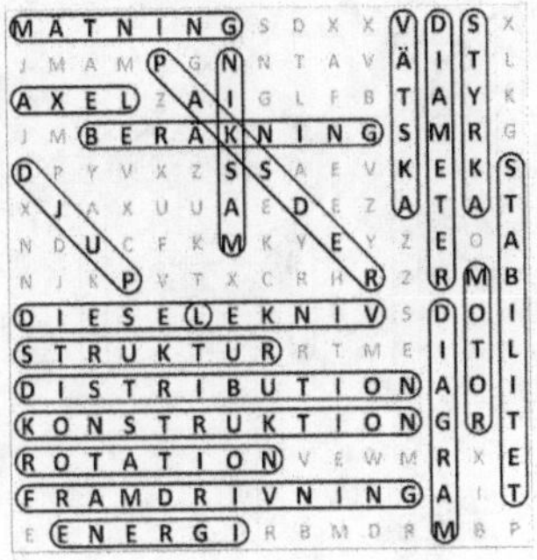

4 - Archeologia

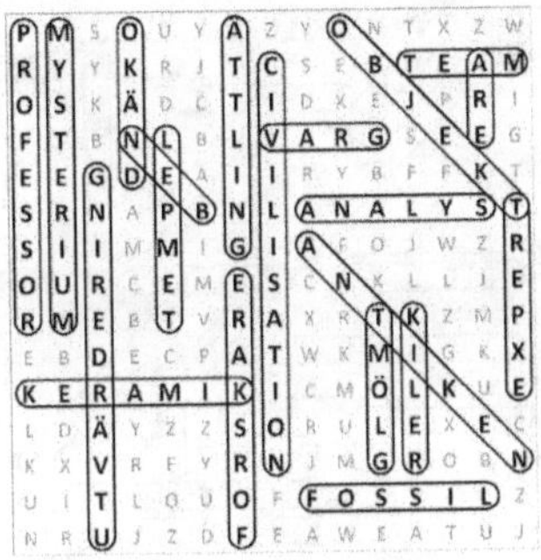

5 - Salute e Benessere #1

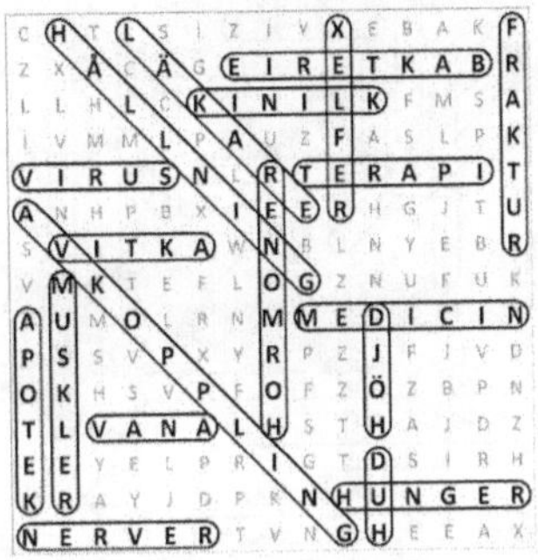

6 - Aggettivi #1

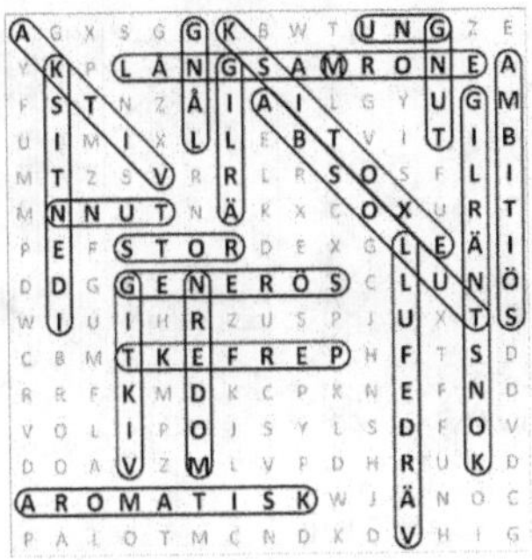

7 - Geologia

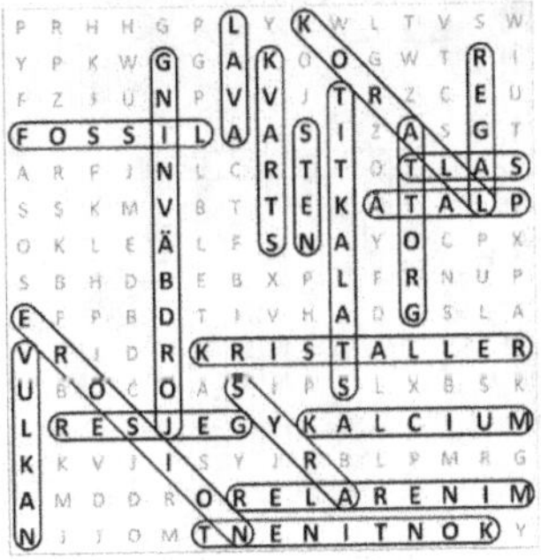

8 - Campeggio

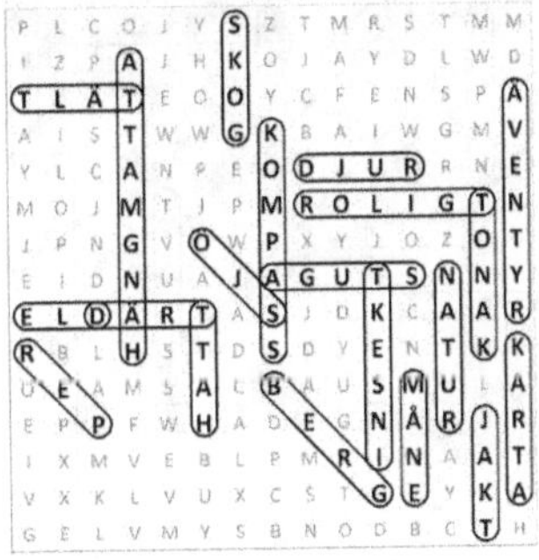

9 - Tempo

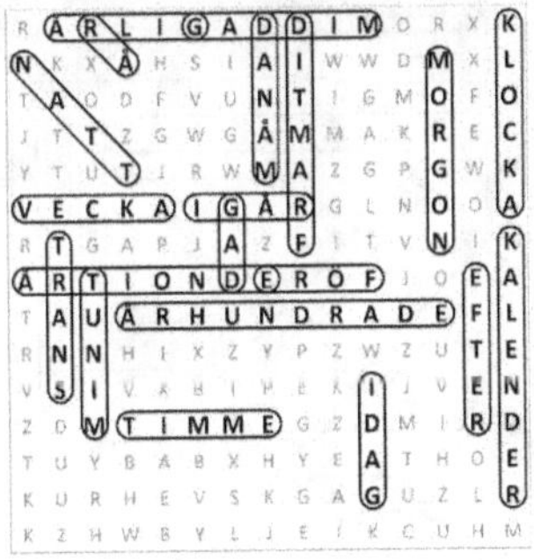

10 - Astronomia

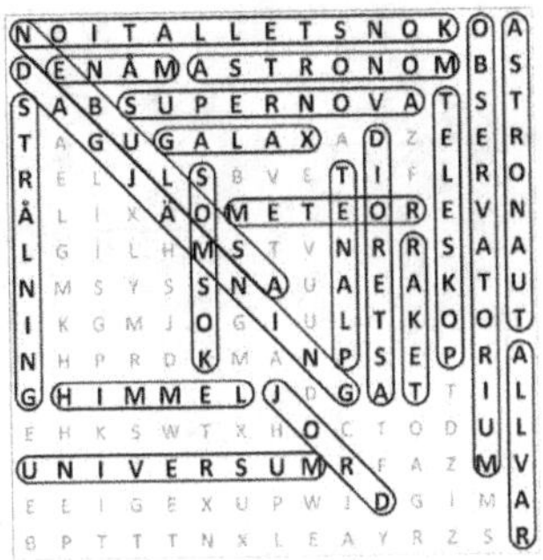

11 - Algebra

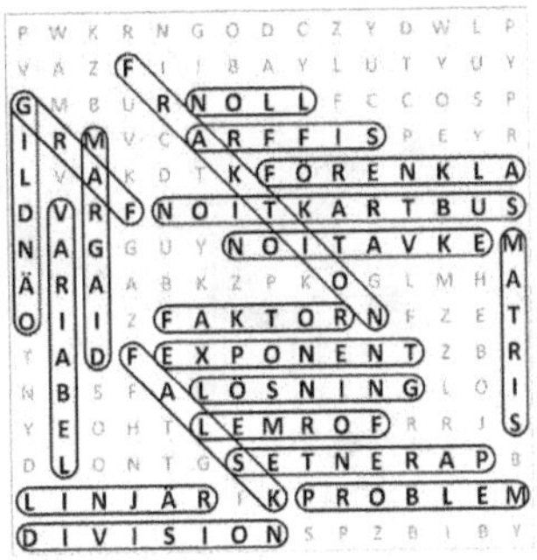

12 - Mitologia

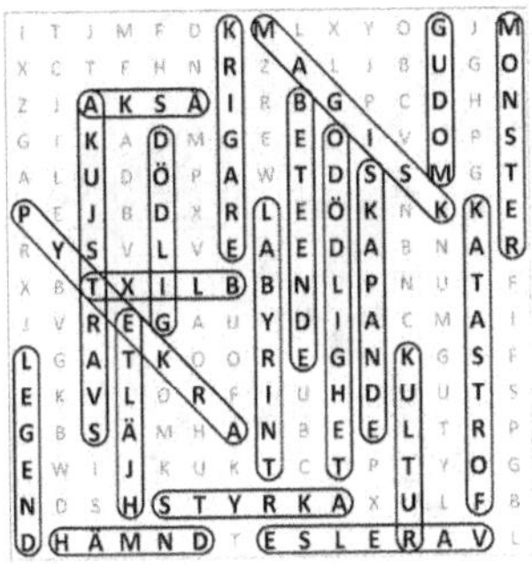

13 - Piante

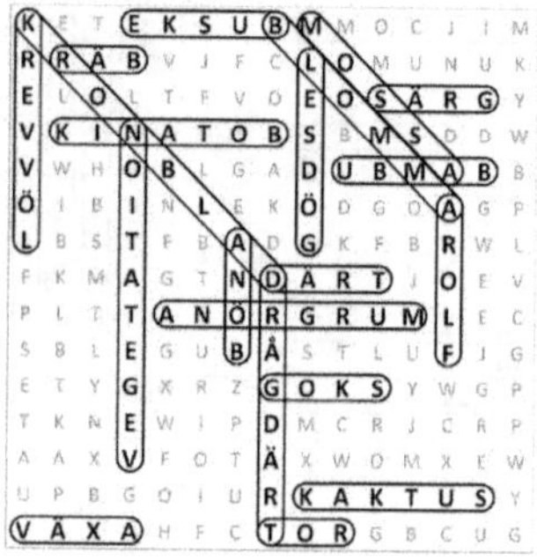

14 - Spezie

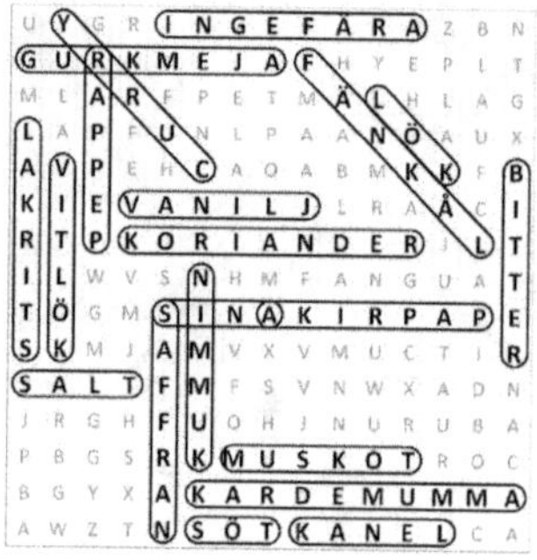

15 - Numeri

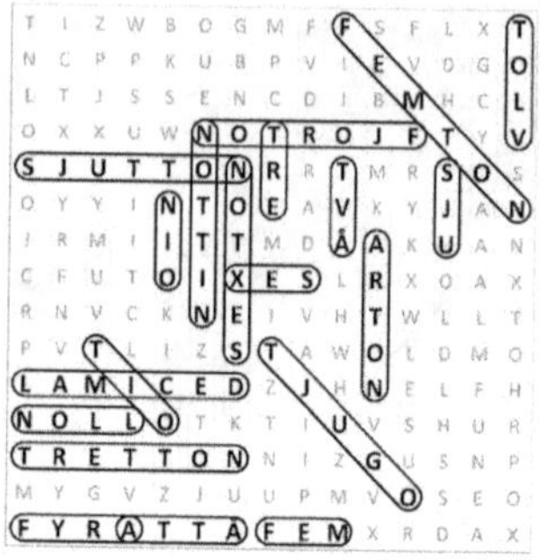

16 - Cioccolato

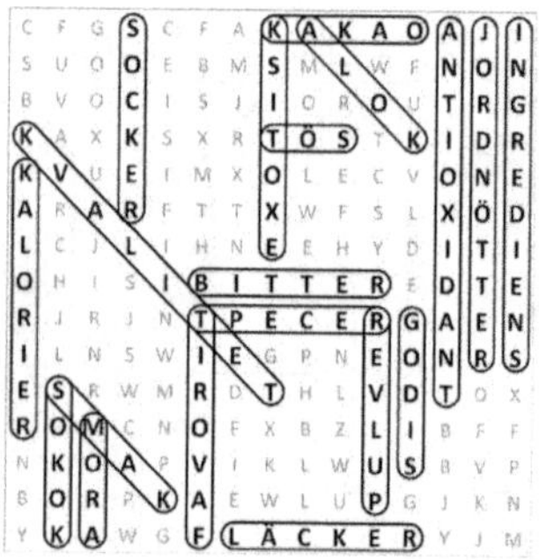

17 - Guida

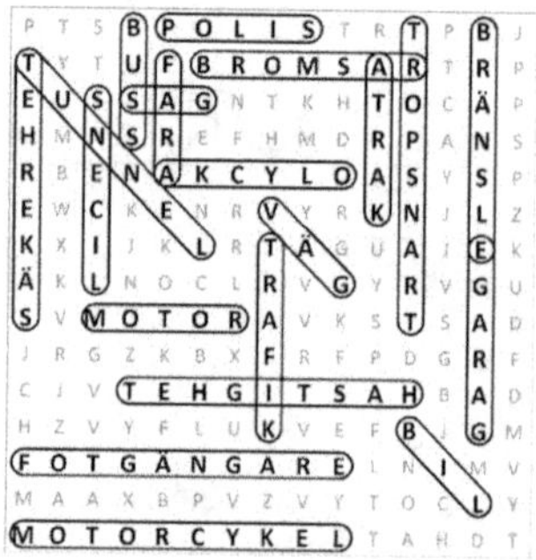

18 - I Media

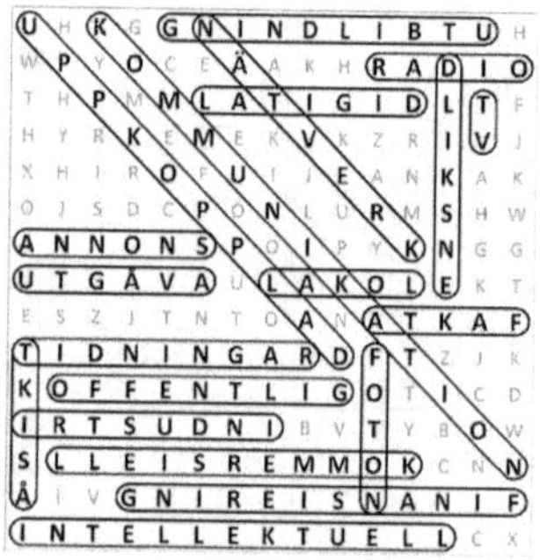

19 - Forza e Gravità

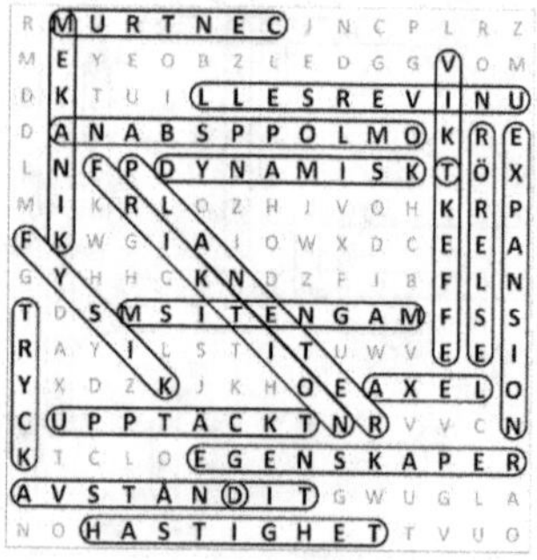

20 - Caffè

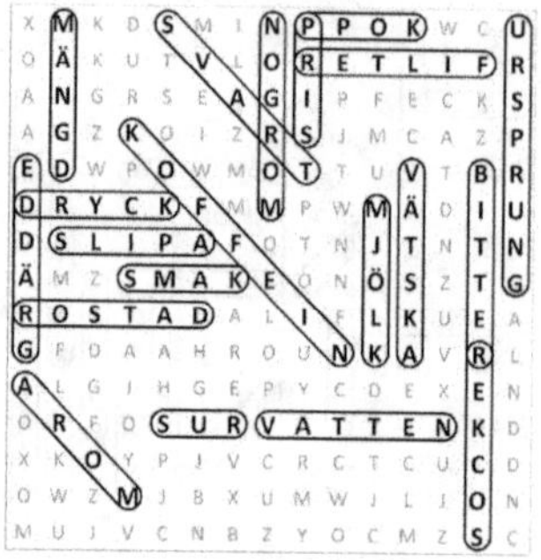

21 - Uccelli

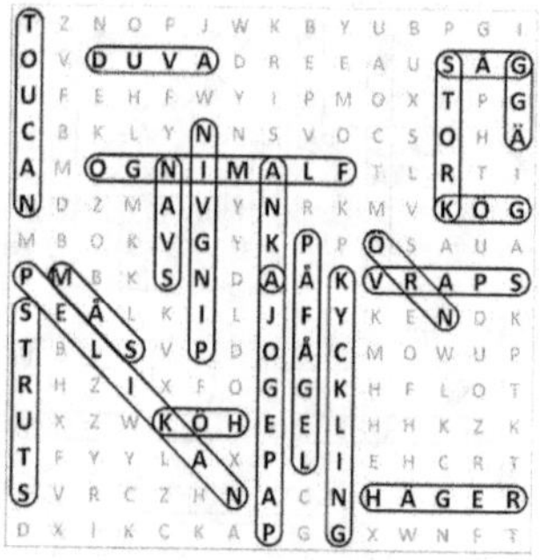

22 - Giorni e Mesi

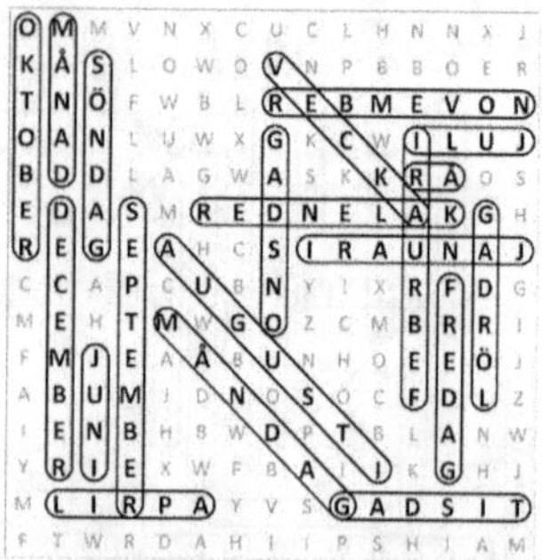

23 - Casa

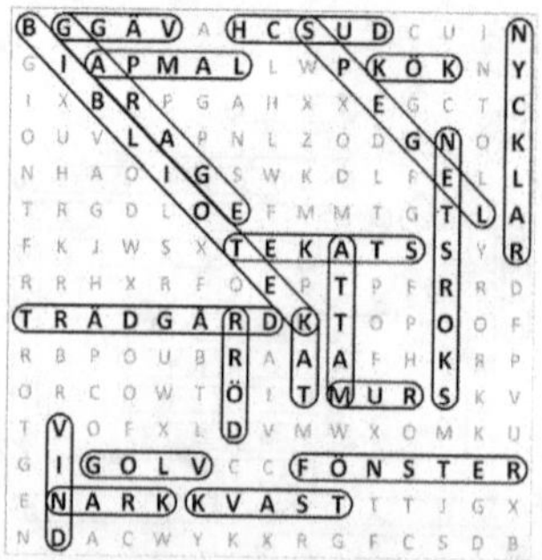

24 - Fantascienza

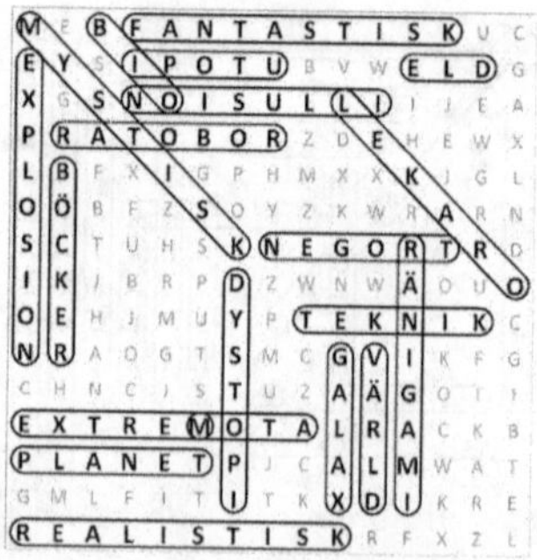

25 - Città

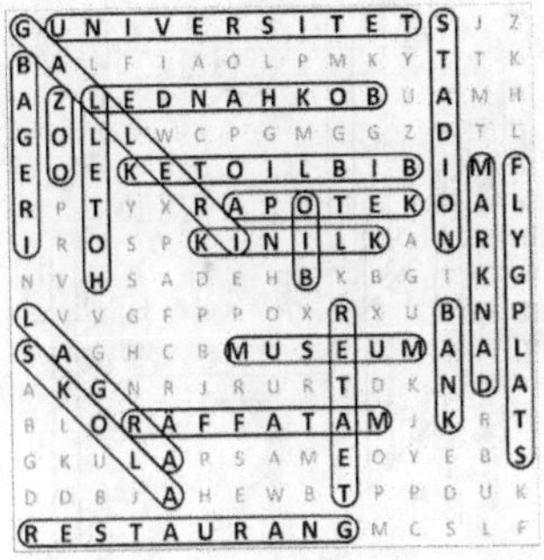

26 - Fattoria #1

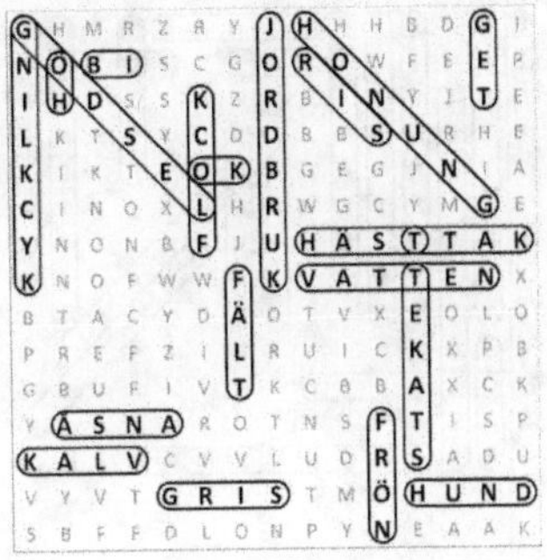

27 - Psicologia

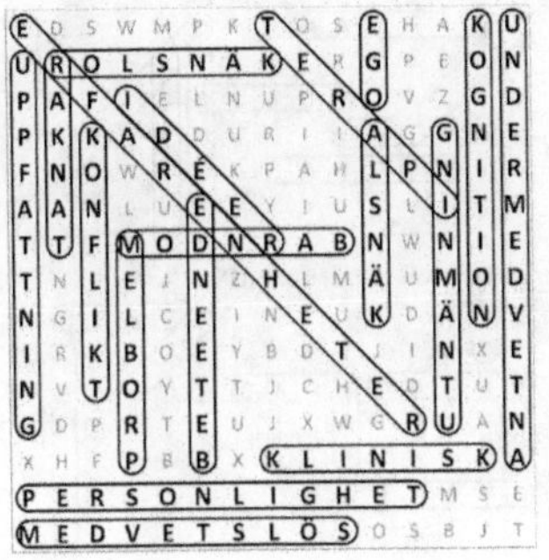

28 - Paesaggi

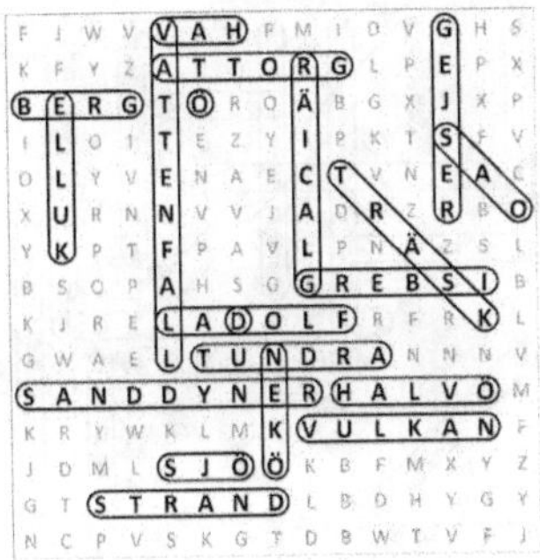

29 - Energia

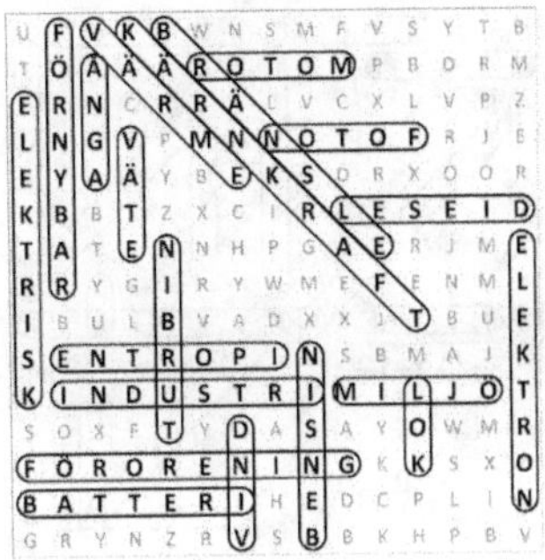

30 - Moda

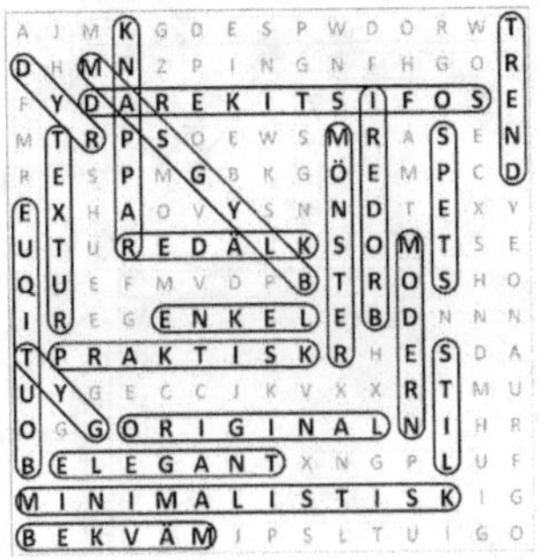

31 - Giardino

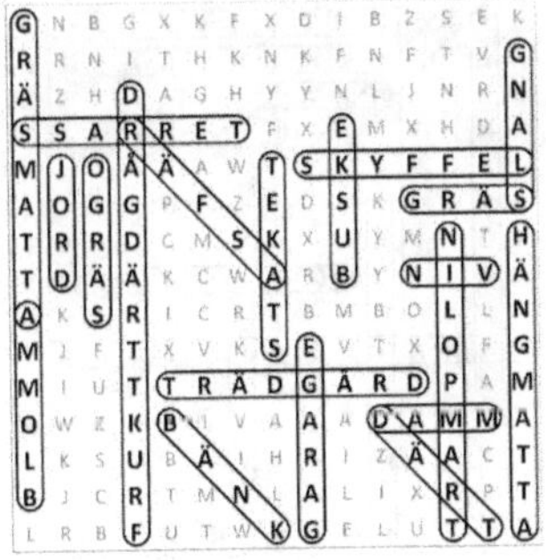

32 - Riscaldamento Gl

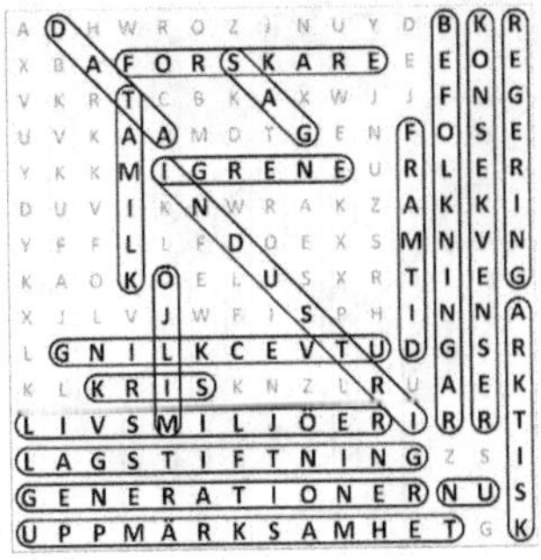

33 - Frutta

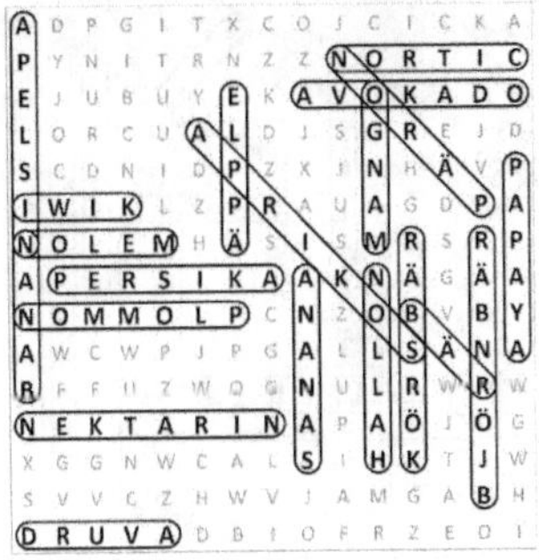

34 - Fattoria #2

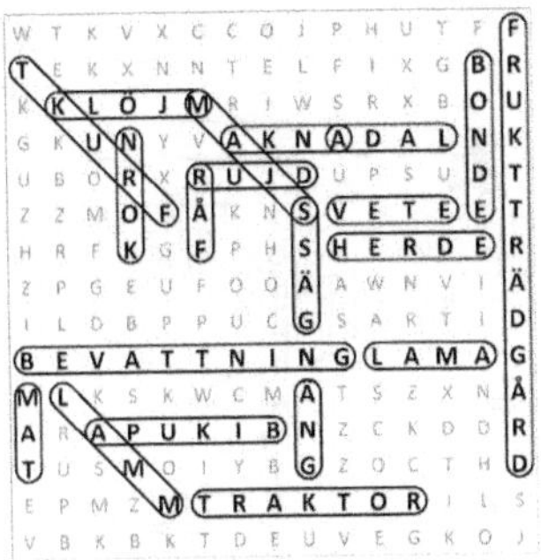

35 - Verdure

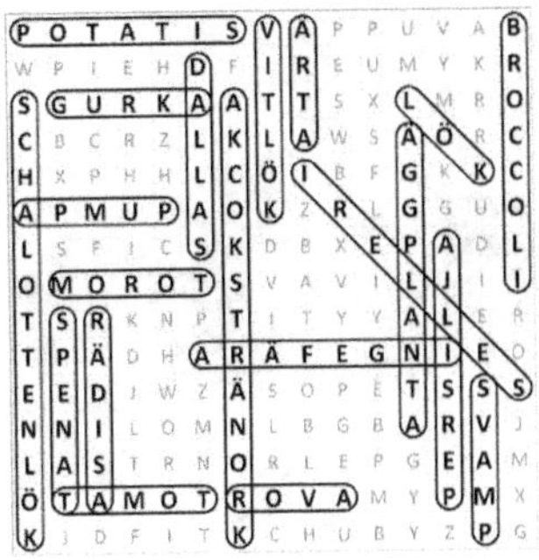

36 - Musica

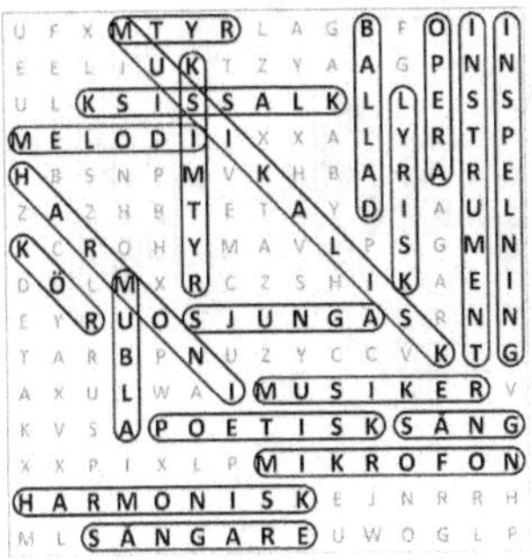

37 - Barbecue

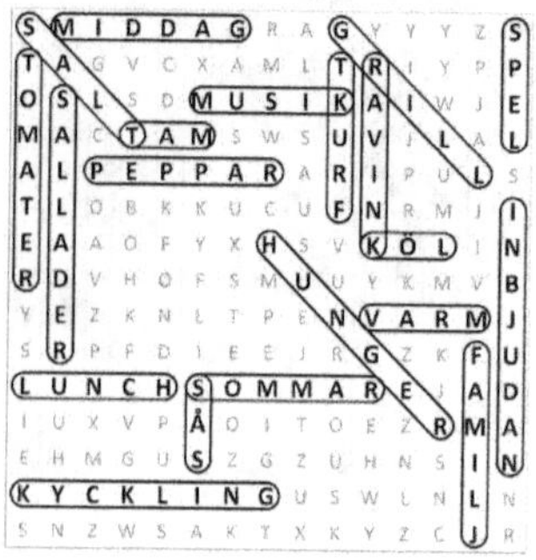

38 - Fisica

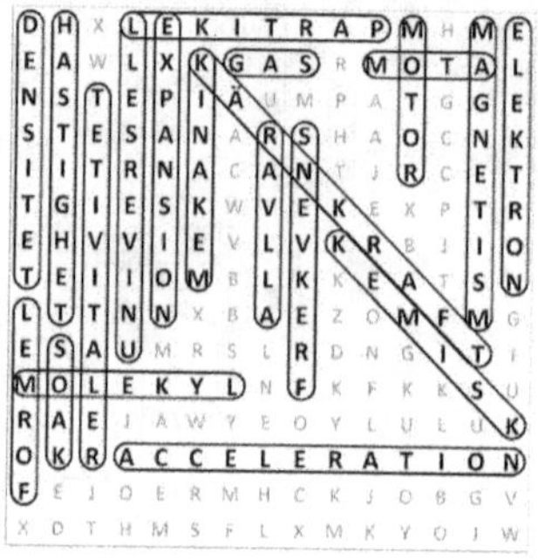

39 - Agronomia

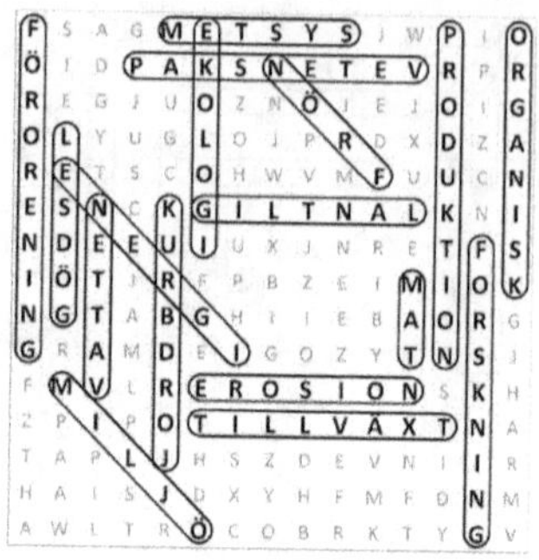

40 - Erboristeria

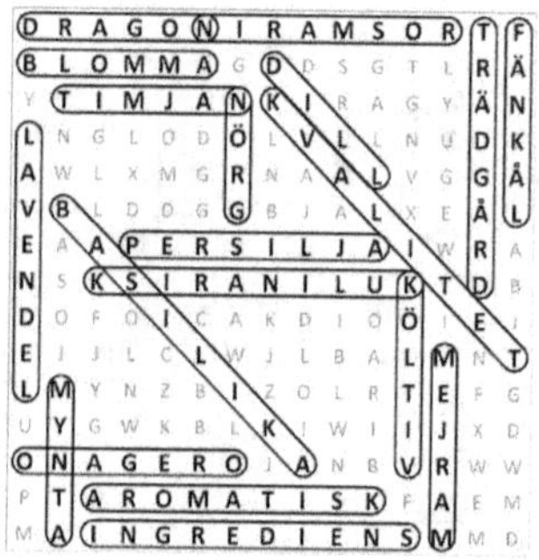

41 - Danza

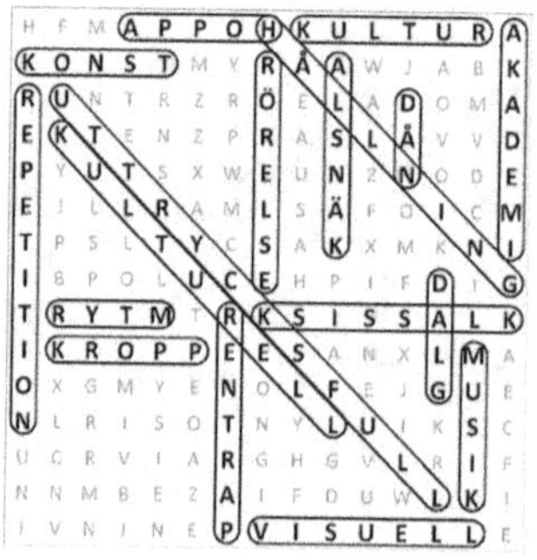

42 - Biologia

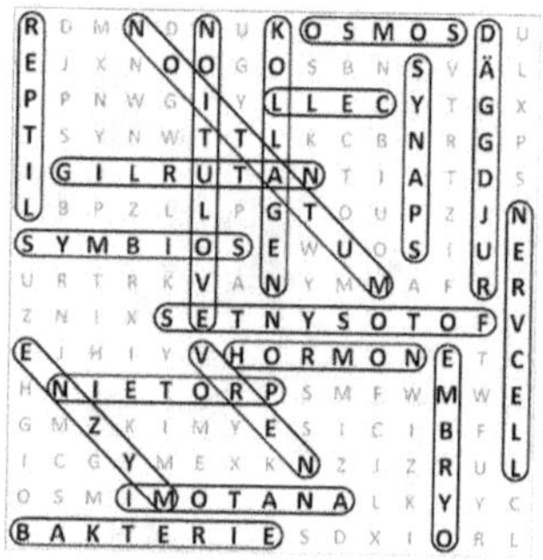

43 - Attività Commerciale

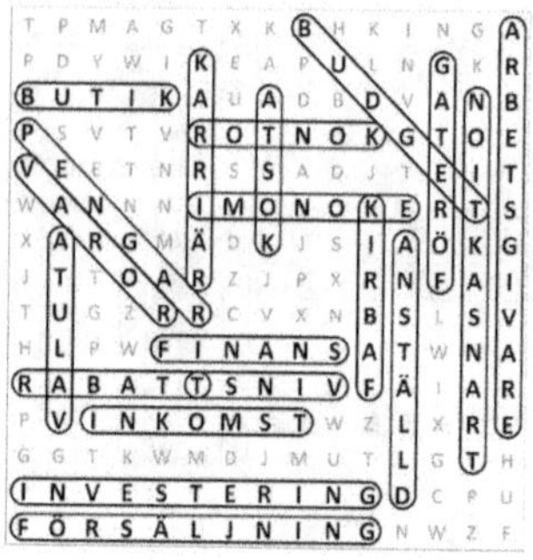

44 - Fiori

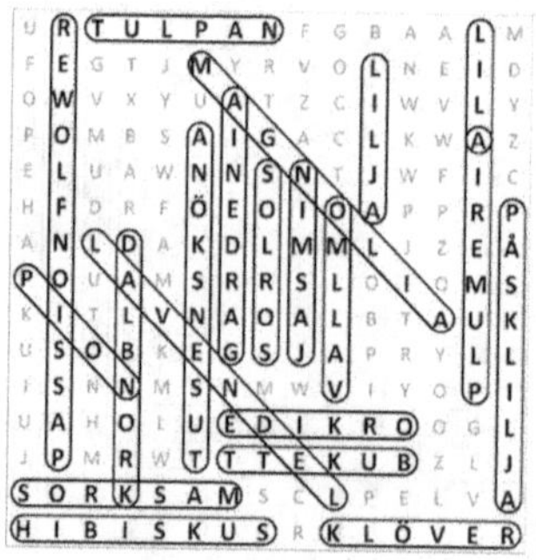

45 - Filantropia

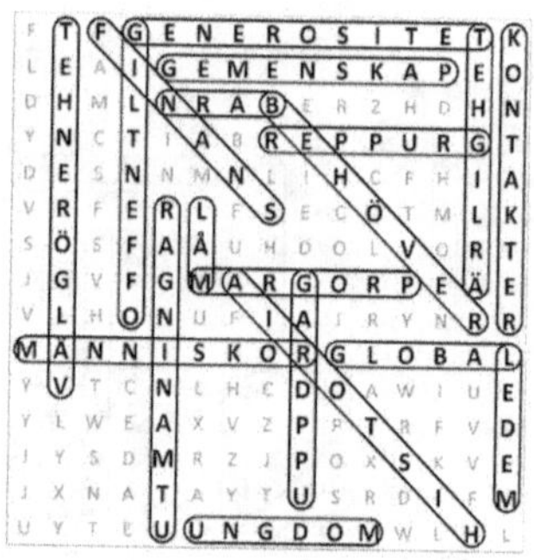

46 - Ecologia

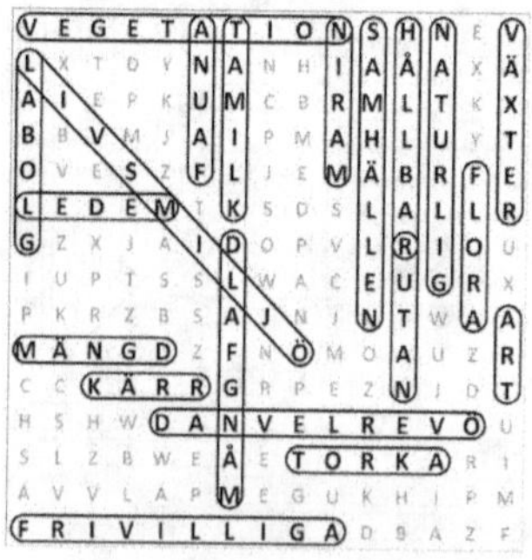

47 - Discipline Scientifiche

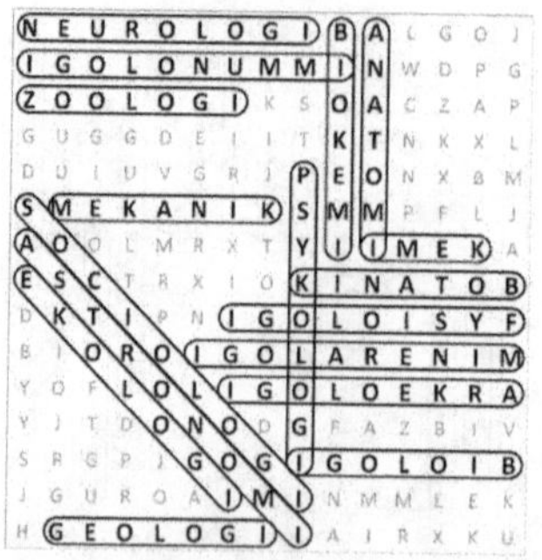

48 - Scienza

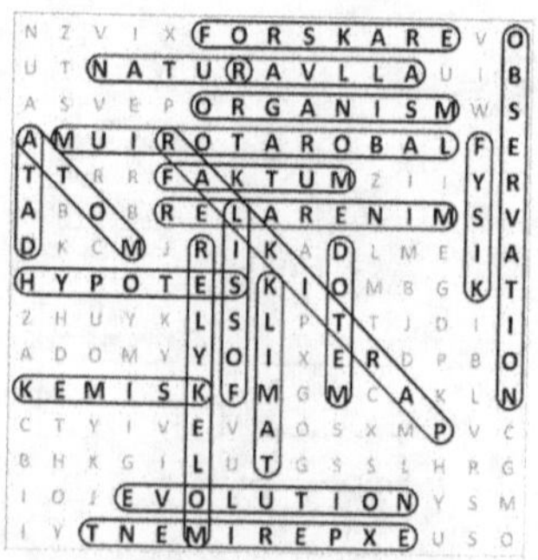

49 - Acqua

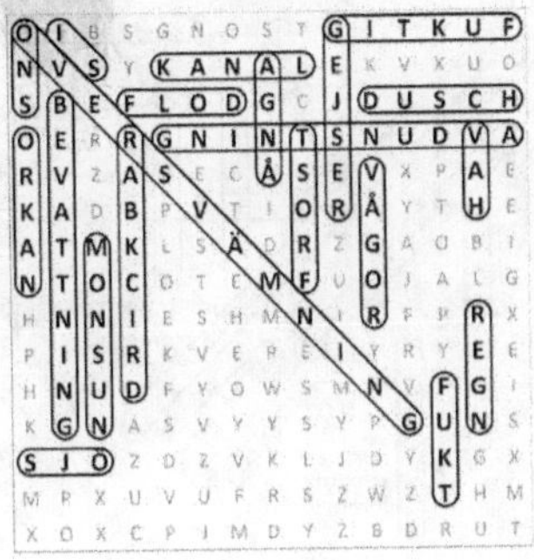

50 - Boxe

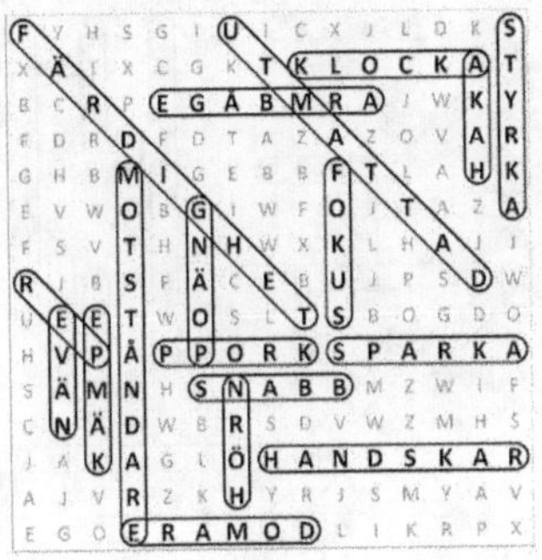

51 - Imbarcazioni

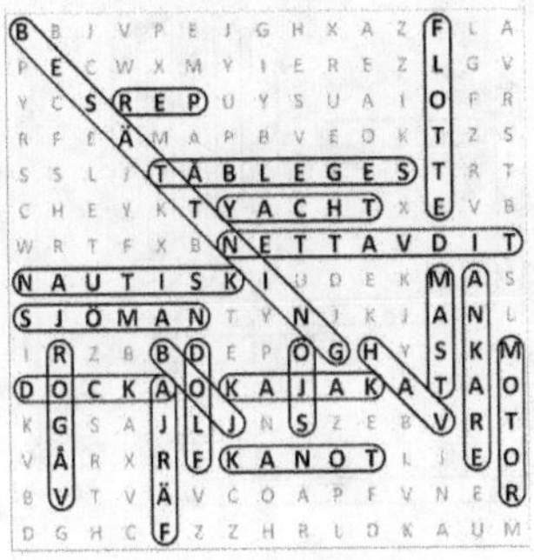

52 - Chimica

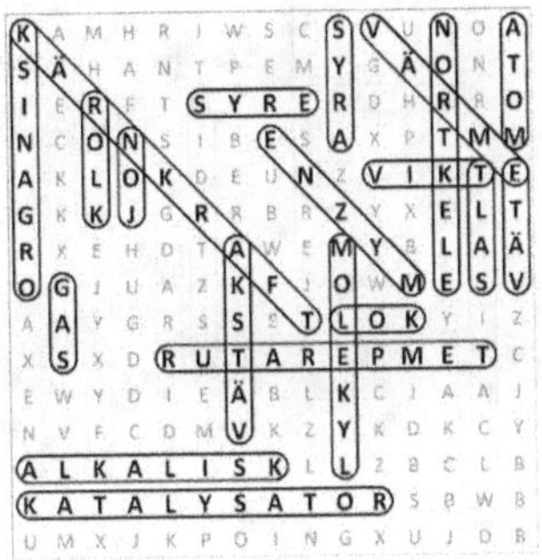

53 - Api

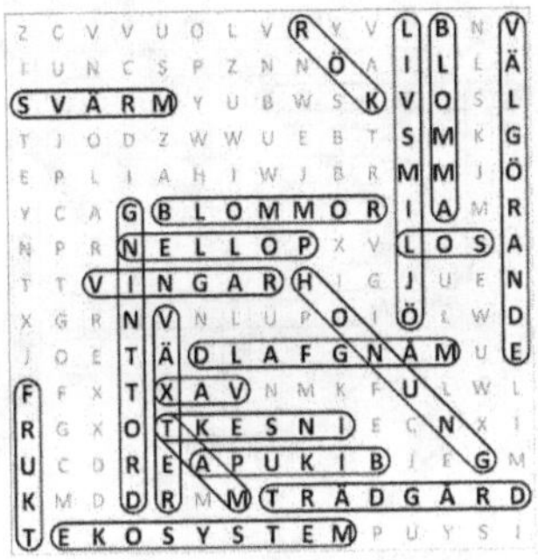

54 - Strumenti Musicali

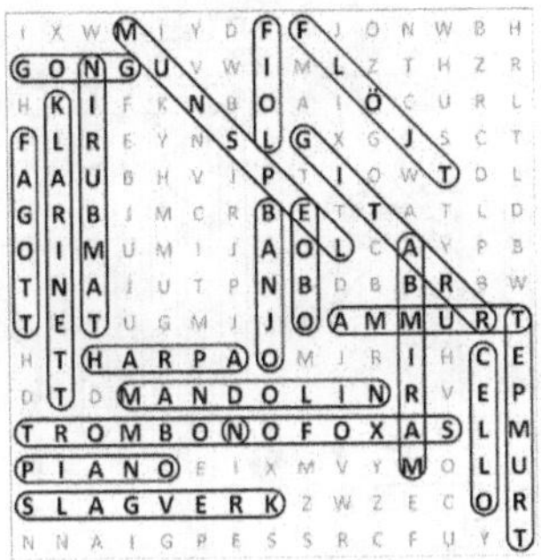

55 - Professioni #2

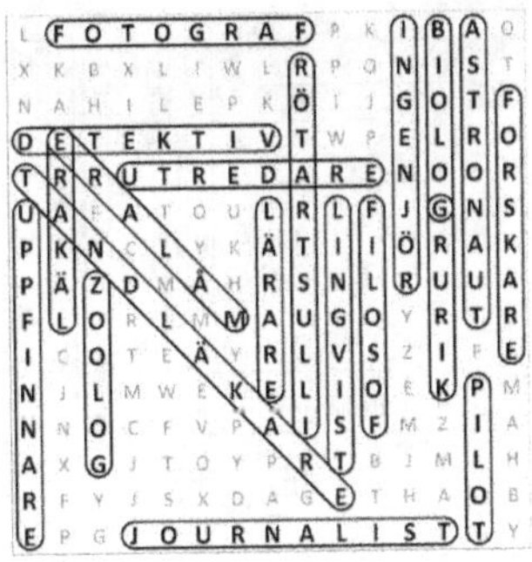

56 - Letteratura

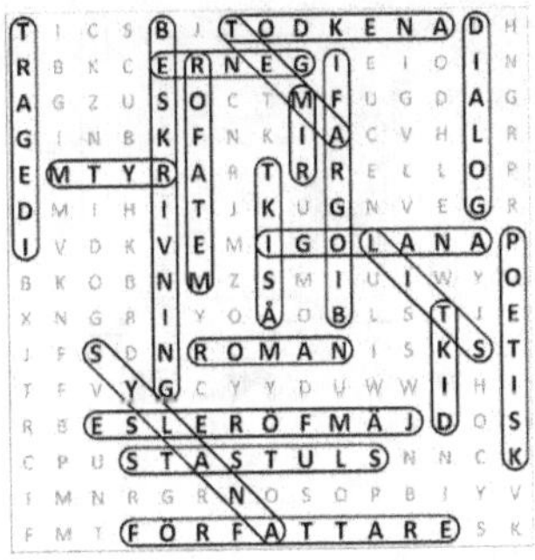

57 - Cibo #2

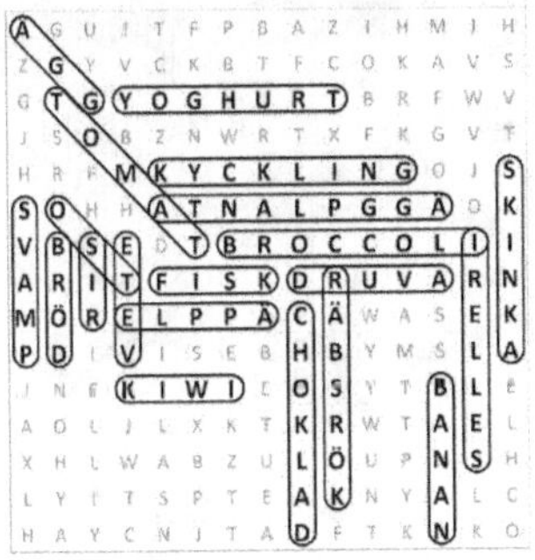

58 - Nutrizione

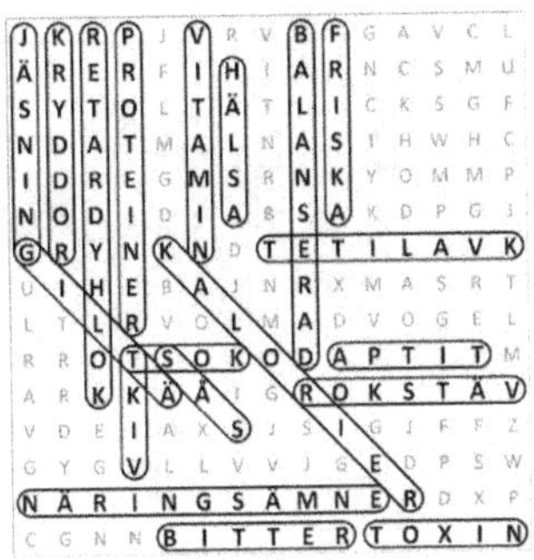

59 - Matematica

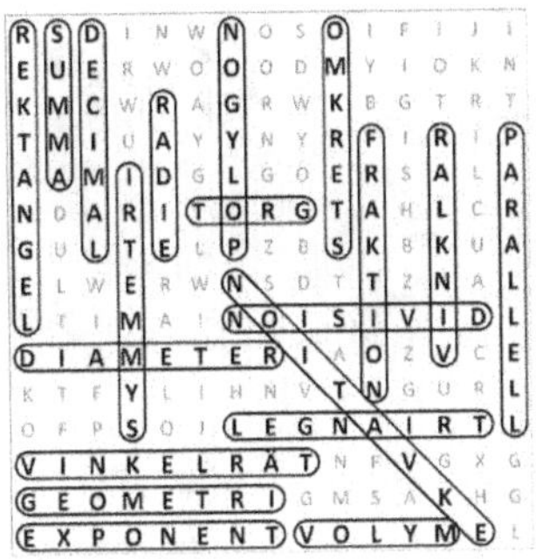

60 - Meditazione

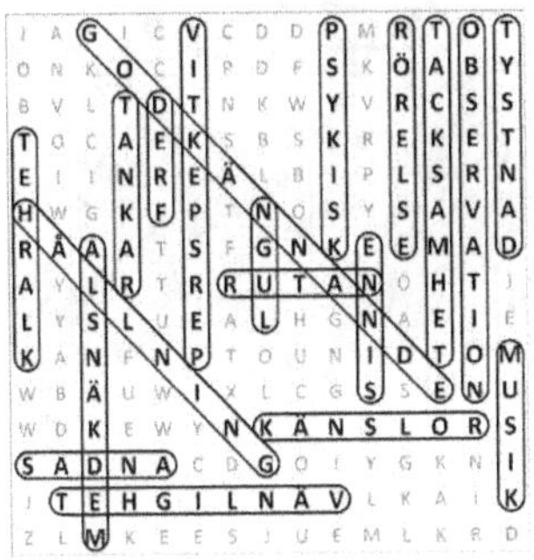

61 - Elettricità

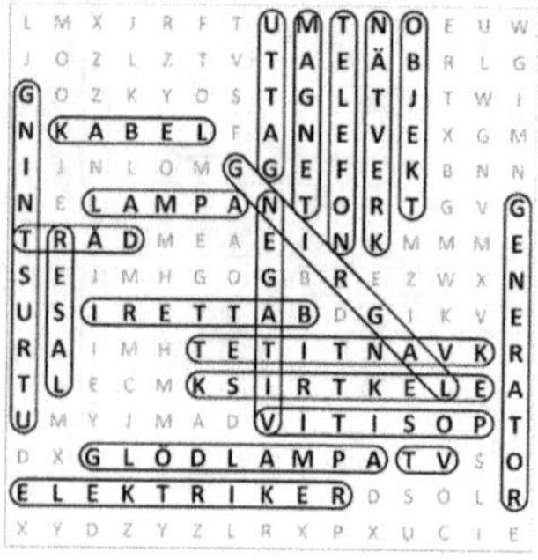

62 - Antiquariato

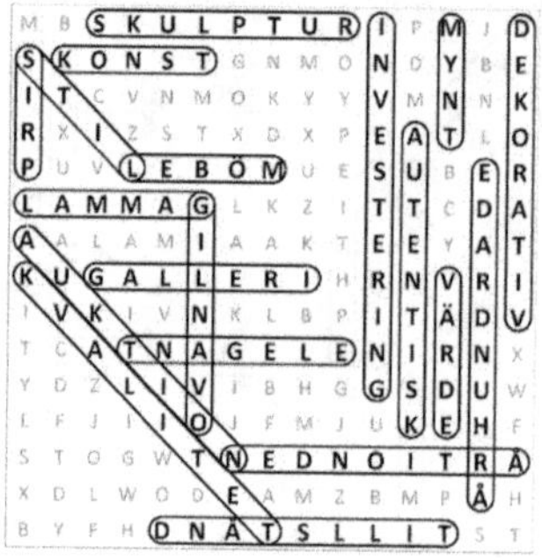

63 - Escursionismo

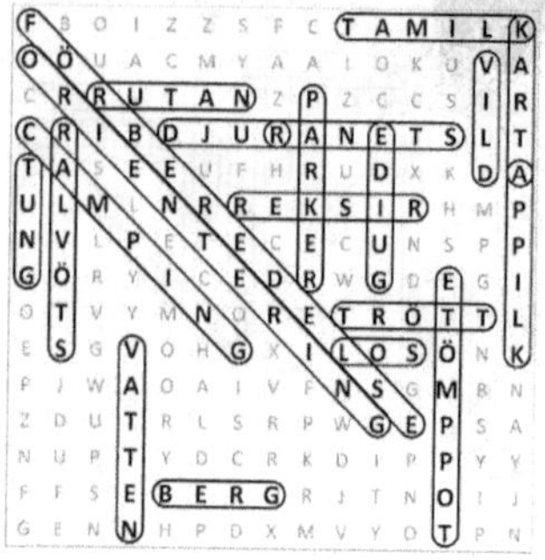

64 - Professioni #1

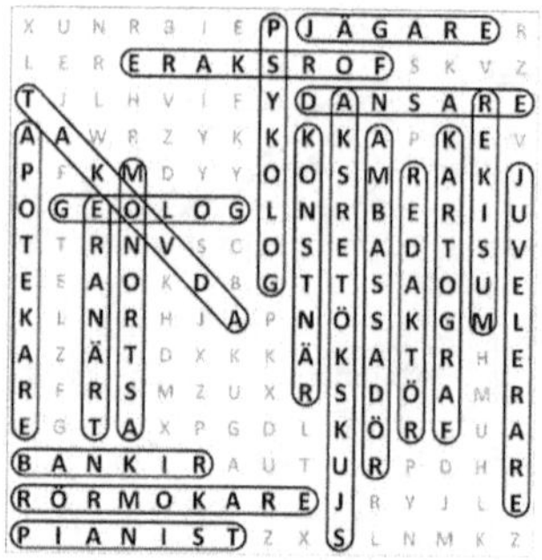

65 - Antartide

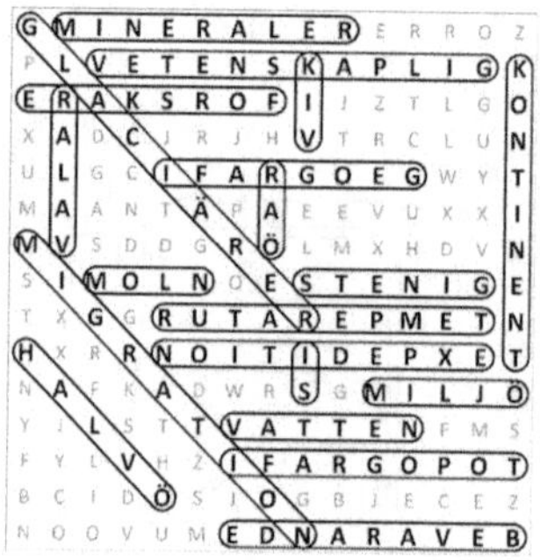

66 - Libri

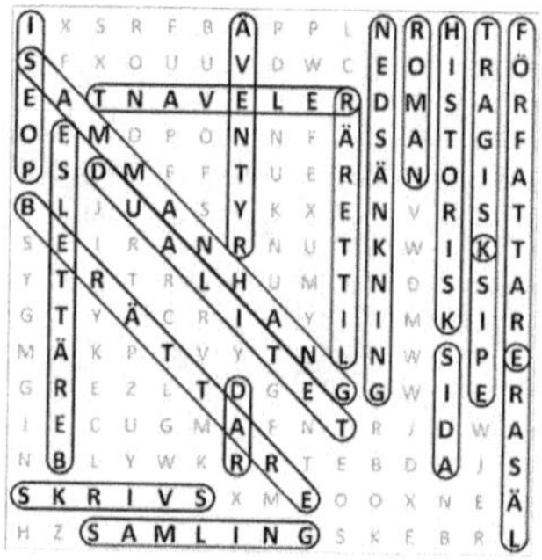

67 - Geografia

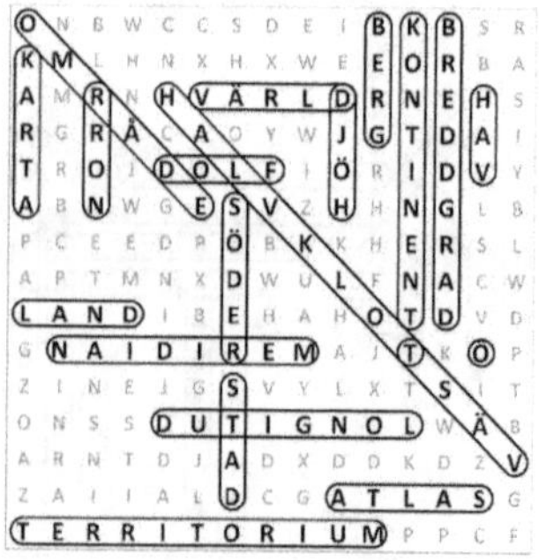

68 - Cibo #1

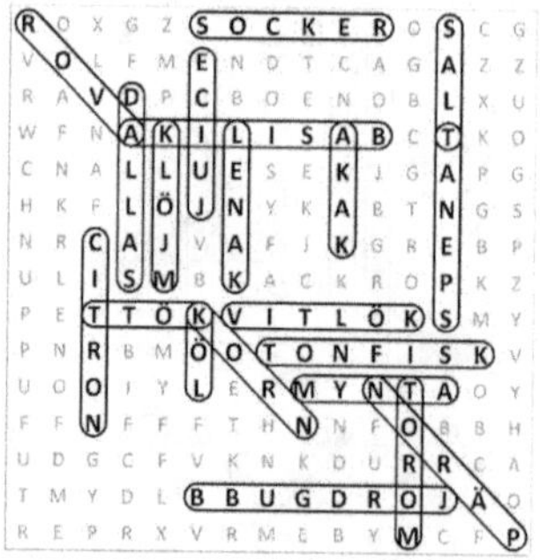

69 - Etica

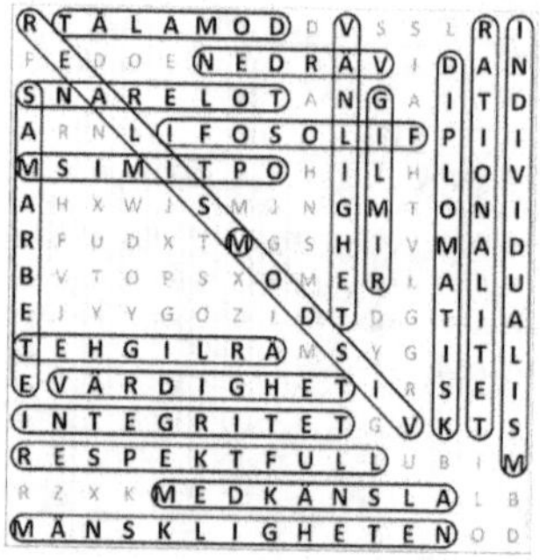

70 - Aeroplani

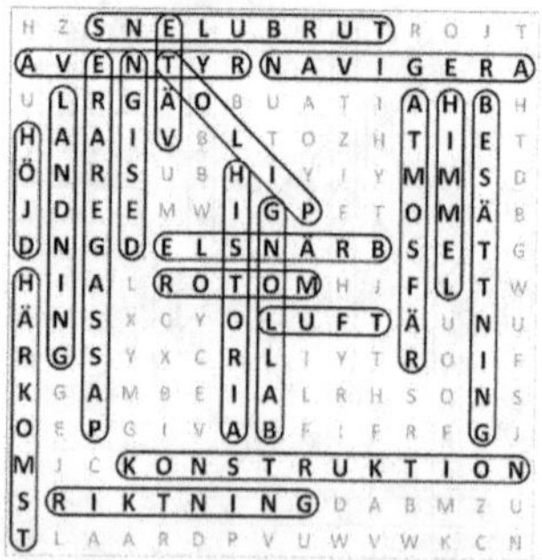

71 - Governo

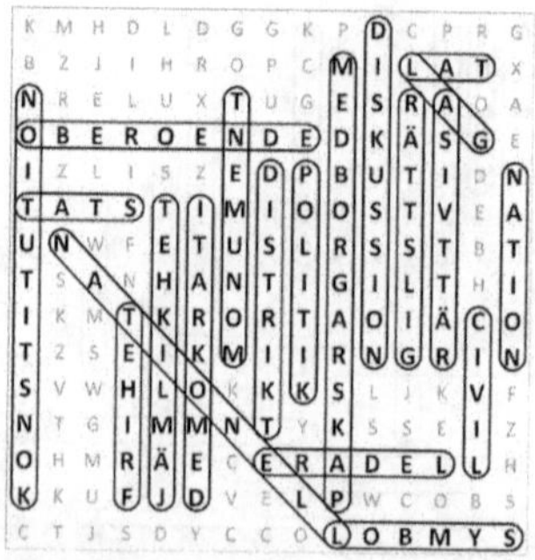

72 - Bellezza

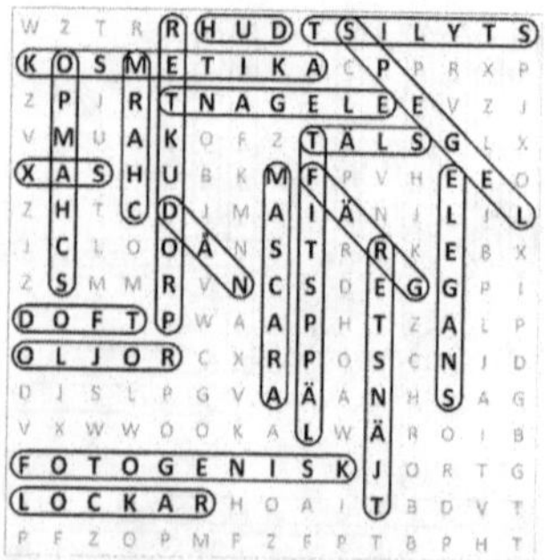

73 - Avventura

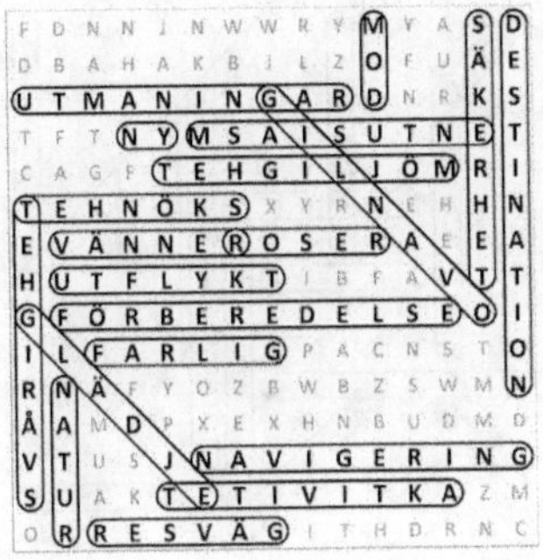

74 - Forme

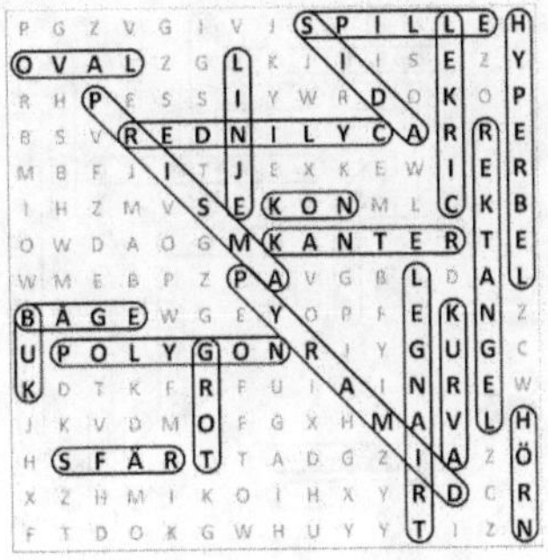

75 - Oceano

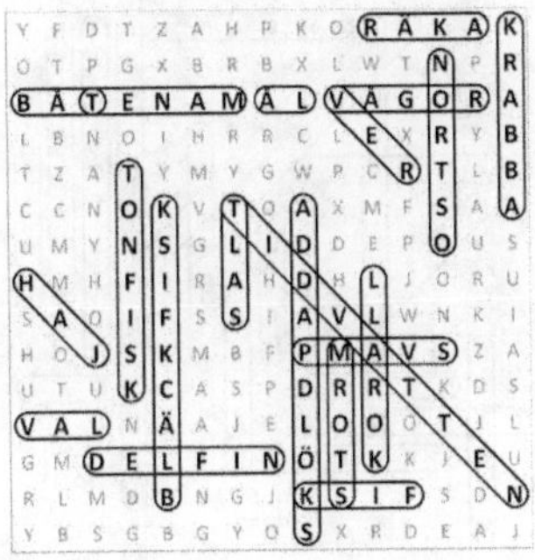

76 - Veicoli

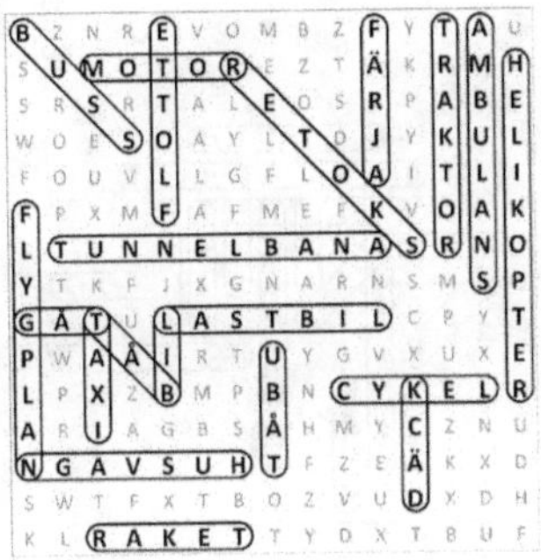

77 - Emozioni

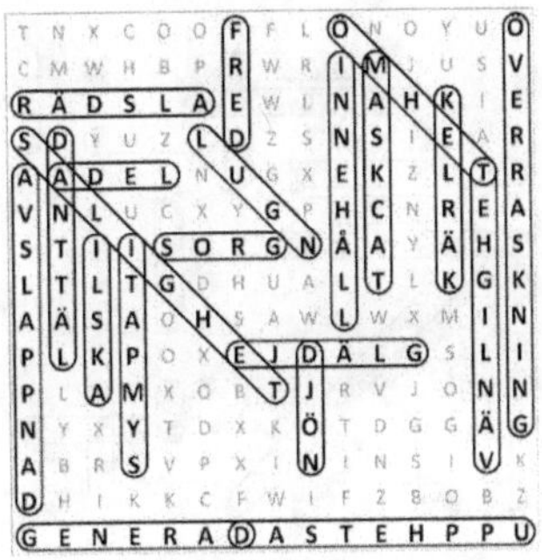

78 - Natura

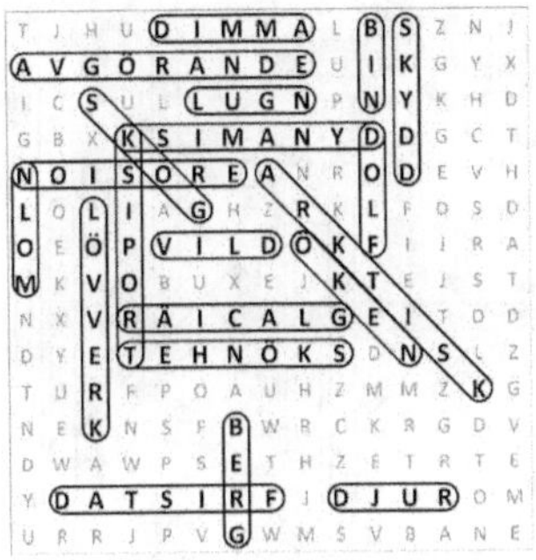

79 - Balletto

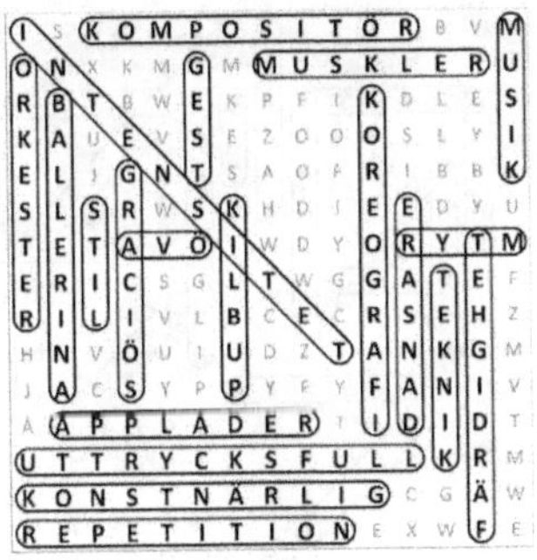

80 - Paesi #1

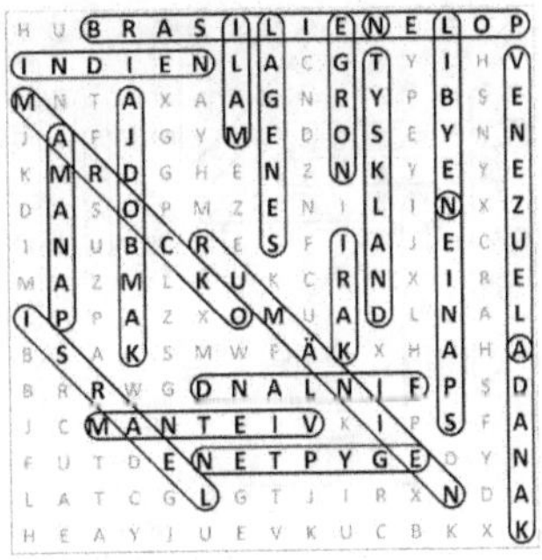

81 - Geometria

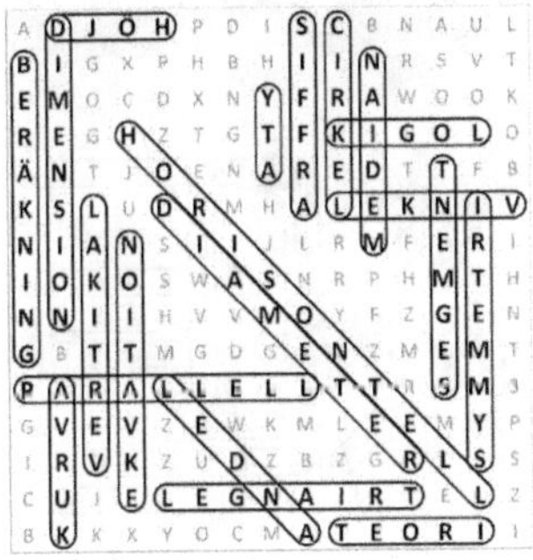

82 - Foresta Pluviale

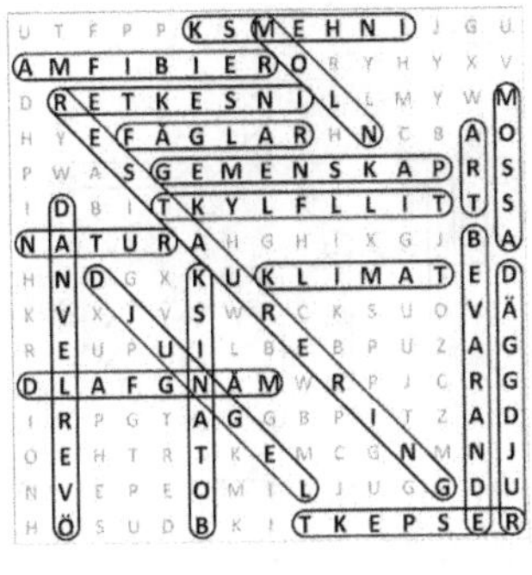

83 - Edifici

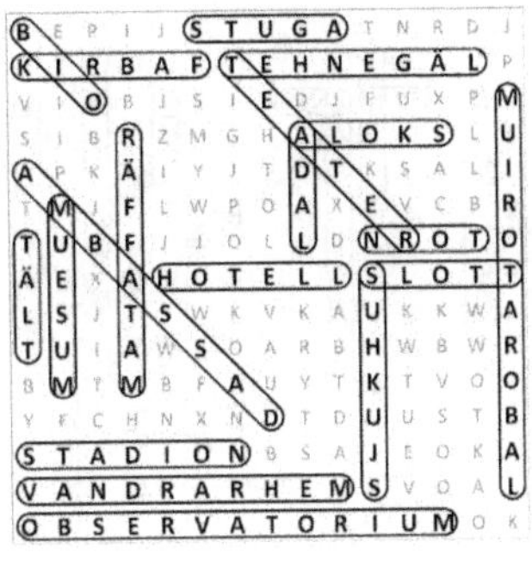

84 - Malattia

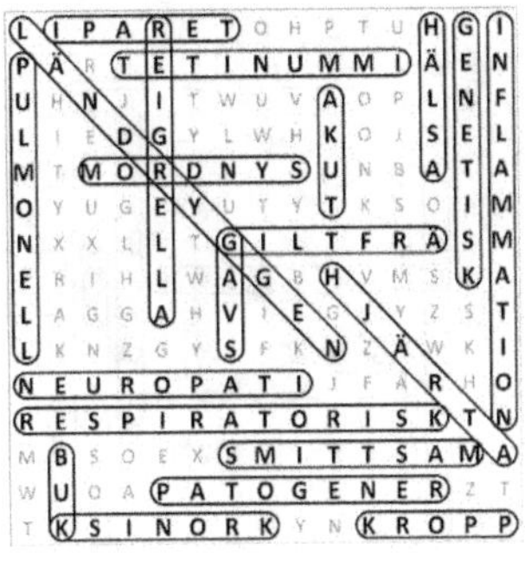

85 - Paesi #2

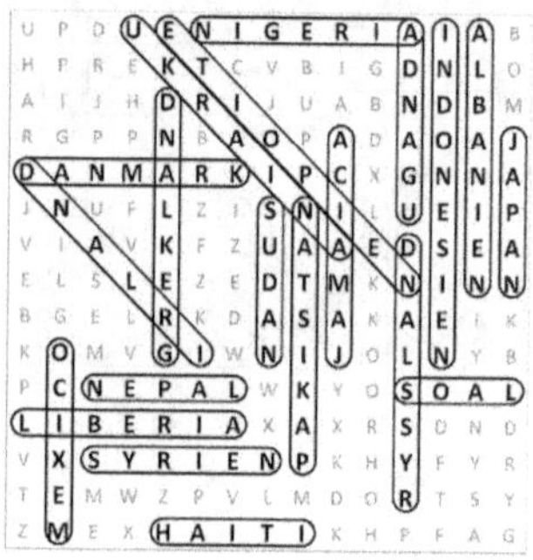

86 - Tipi di Capelli

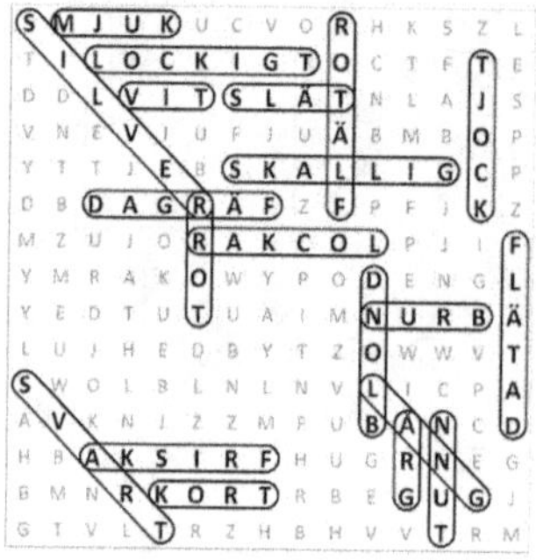

87 - Vestiti

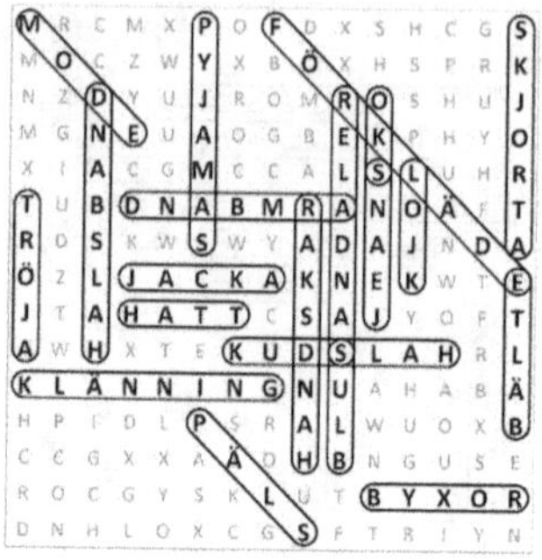

88 - Arte

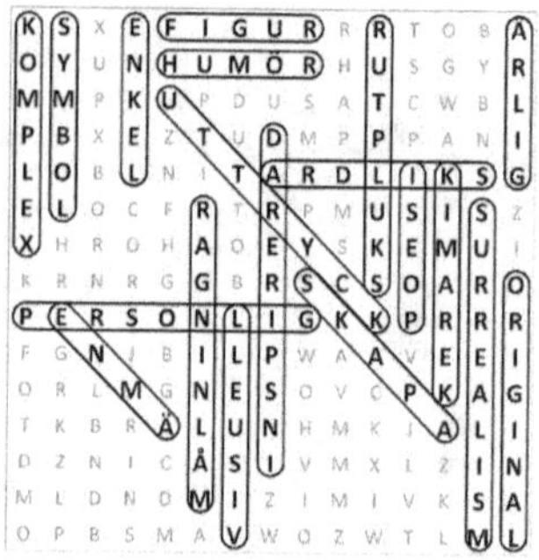

89 - Meteo

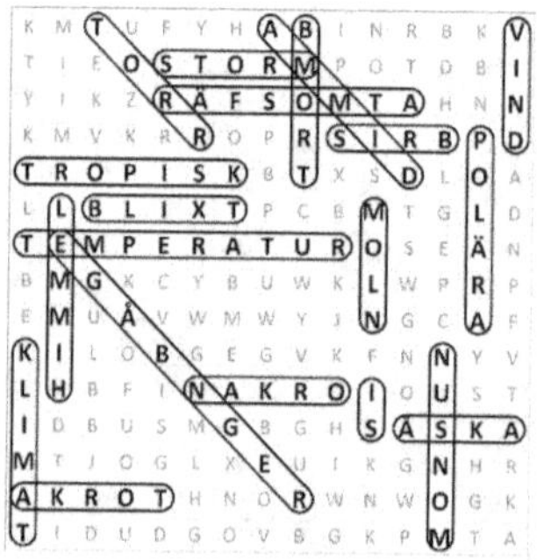

90 - Corpo Umano

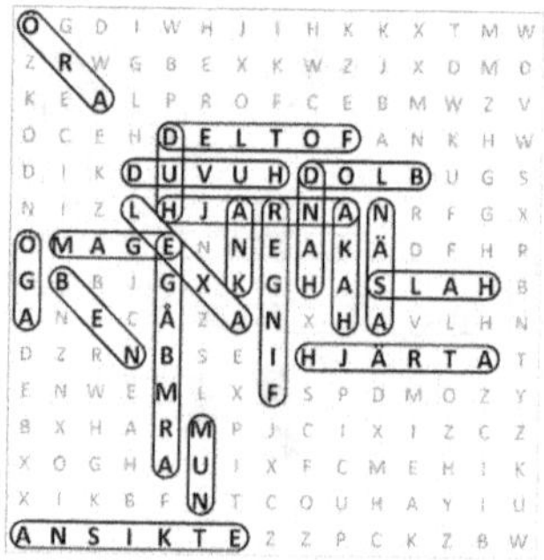

91 - Mammiferi

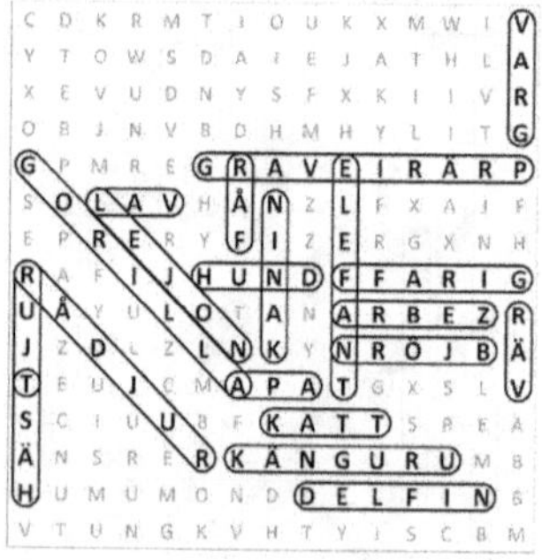

92 - Arrampicata

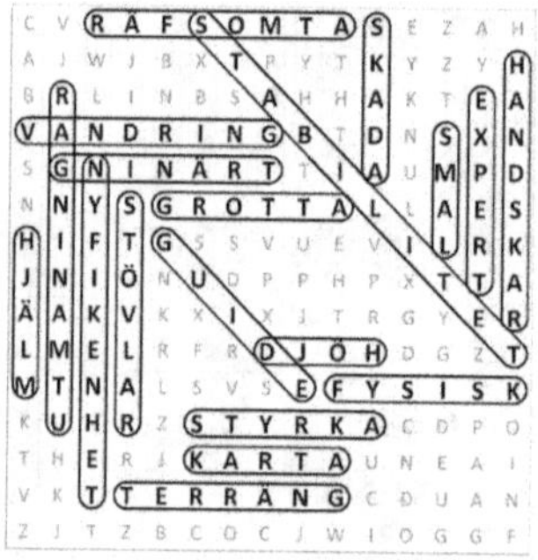

93 - Cucina

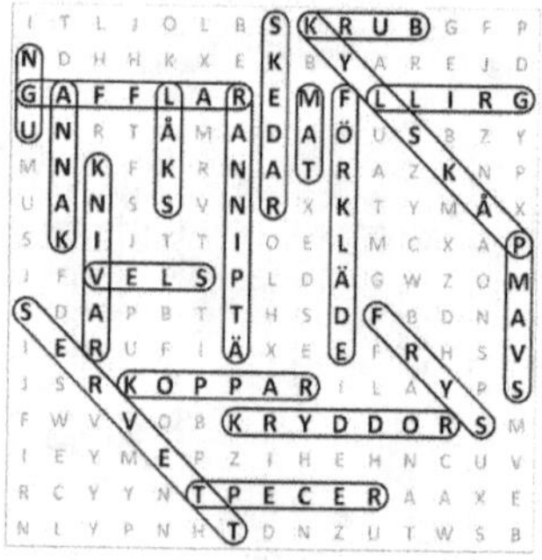

94 - Universo

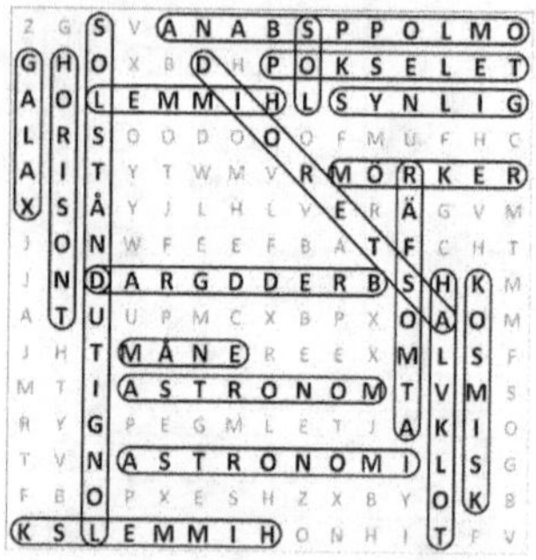

95 - Jazz

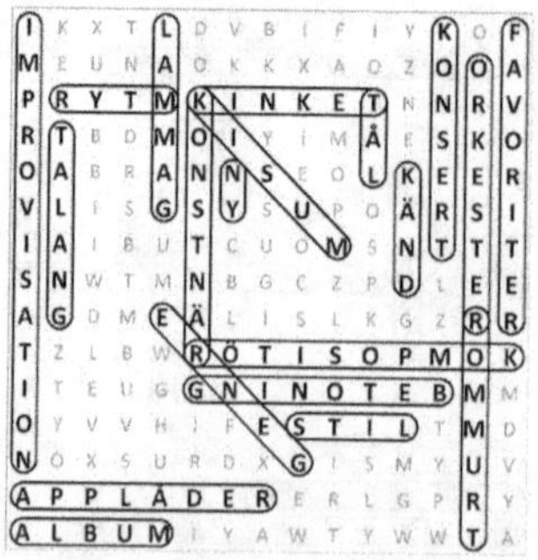

96 - Vacanze #2

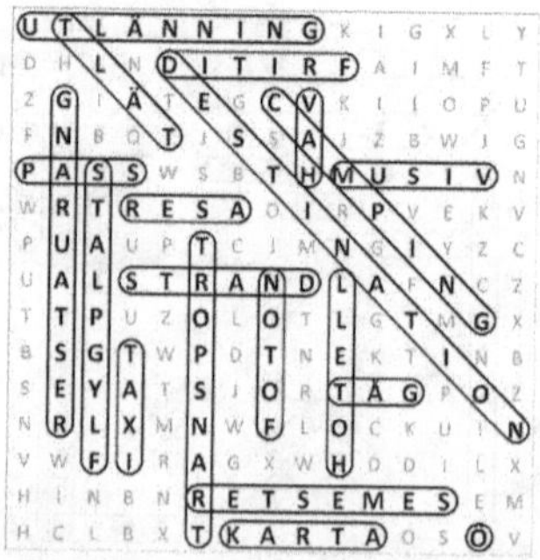

97 - Attività

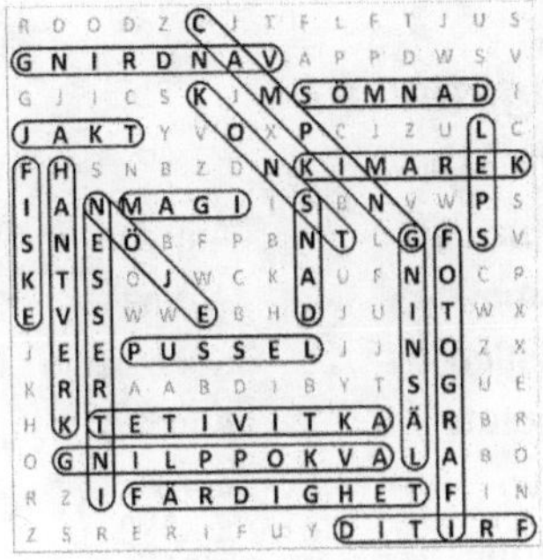

98 - Diplomazia

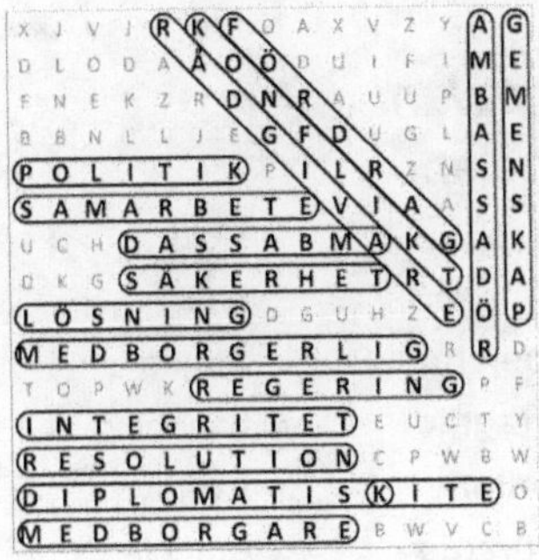

99 - Forniture Artistiche

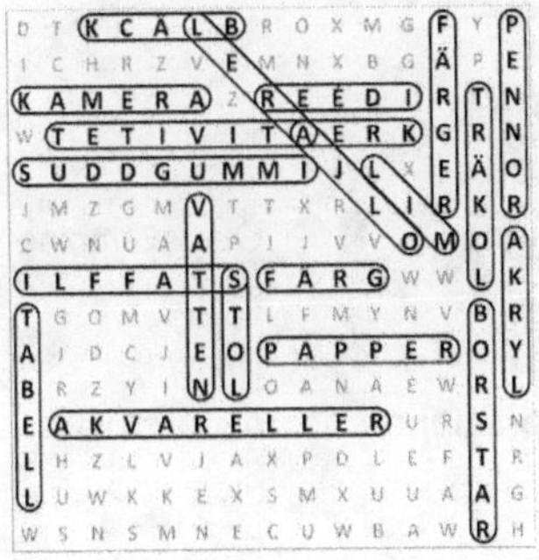

100 - Misurazioni

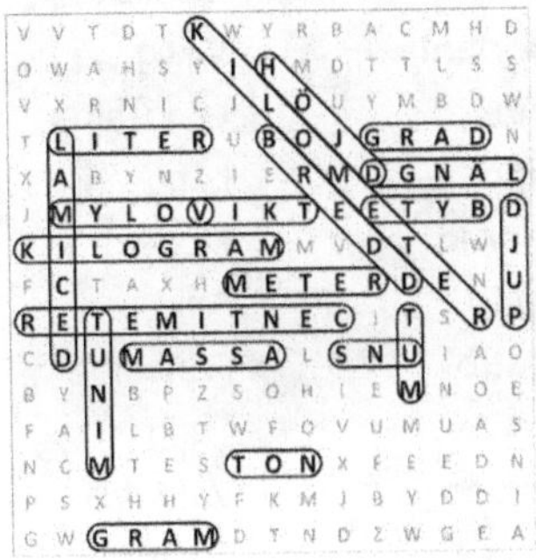

Dizionario

Acqua
Vatten

Alluvione	Översvämning
Canale	Kanal
Doccia	Dusch
Evaporazione	Avdunstning
Fiume	Flod
Gelo	Frost
Geyser	Gejser
Ghiaccio	Is
Irrigazione	Bevattning
Lago	Sjö
Monsone	Monsun
Neve	Snö
Oceano	Hav
Onde	Vågor
Pioggia	Regn
Potabile	Drickbar
Umidità	Fukt
Umido	Fuktig
Uragano	Orkan
Vapore	Ånga

Aeroplani
Flygplan

Altezza	Höjd
Aria	Luft
Atmosfera	Atmosfär
Atterraggio	Landning
Avventura	Äventyr
Carburante	Bränsle
Cielo	Himmel
Costruzione	Konstruktion
Design	Design
Direzione	Riktning
Discesa	Härkomst
Equipaggio	Besättning
Idrogeno	Väte
Motore	Motor
Navigare	Navigera
Palloncino	Ballong
Passeggero	Passagerare
Pilota	Pilot
Storia	Historia
Turbolenza	Turbulens

Aggettivi #1
Adjektiv #1

Ambizioso	Ambitiös
Aromatico	Aromatisk
Artistico	Konstnärlig
Assoluto	Absolut
Attivo	Aktiv
Enorme	Enorm
Esotico	Exotisk
Generoso	Generös
Giovane	Ung
Grande	Stor
Identico	Identisk
Importante	Viktig
Lento	Långsam
Lungo	Lång
Moderno	Modern
Onesto	Ärlig
Perfetto	Perfekt
Pesante	Tung
Prezioso	Värdefull
Sottile	Tunn

Aggettivi #2
Adjektiv #2

Affamato	Hungrig
Asciutto	Torr
Autentico	Autentisk
Creativo	Kreativ
Descrittivo	Beskrivande
Dolce	Söt
Drammatico	Dramatisk
Elegante	Elegant
Famoso	Känd
Forte	Stark
Interessante	Intressant
Naturale	Naturlig
Normale	Normal
Nuovo	Ny
Orgoglioso	Stolt
Produttivo	Produktiv
Puro	Ren
Responsabile	Ansvarig
Salato	Salt
Sano	Friska

Agronomia
Agronomi

Acqua	Vatten
Agricoltura	Jordbruk
Ambiente	Miljö
Cibo	Mat
Crescita	Tillväxt
Ecologia	Ekologi
Energia	Energi
Erosione	Erosion
Fertilizzante	Gödsel
Identificazione	Identifiering
Inquinamento	Förorening
Malattie	Sjukdomar
Organico	Organisk
Produzione	Produktion
Ricerca	Forskning
Rurale	Lantlig
Scienza	Vetenskap
Semi	Frön
Sistemi	System
Suolo	Jord

Algebra
Algebra

Diagramma	Diagram
Divisione	Division
Equazione	Ekvation
Esponente	Exponent
Falso	Falsk
Fattore	Faktor
Formula	Formel
Frazione	Fraktion
Grafico	Graf
Infinito	Oändlig
Lineare	Linjär
Matrice	Matris
Numero	Siffra
Parentesi	Parentes
Problema	Problem
Semplificare	Förenkla
Soluzione	Lösning
Sottrazione	Subtraktion
Variabile	Variabel
Zero	Noll

Antartide
Antarktis

Acqua	Vatten
Ambiente	Miljö
Baia	Vik
Balene	Valar
Conservazione	Bevarande
Continente	Kontinent
Geografia	Geografi
Ghiacciai	Glaciärer
Ghiaccio	Is
Isole	Öar
Migrazione	Migration
Minerali	Mineraler
Nuvole	Moln
Penisola	Halvö
Ricercatore	Forskare
Roccioso	Stenig
Scientifico	Vetenskaplig
Spedizione	Expedition
Temperatura	Temperatur
Topografia	Topografi

Antiquariato
Antikviteter

Arte	Konst
Asta	Auktion
Autentico	Autentisk
Condizione	Tillstånd
Decenni	Årtionden
Decorativo	Dekorativ
Elegante	Elegant
Galleria	Galleri
Insolito	Ovanlig
Investimento	Investering
Mobilio	Möbel
Monete	Mynt
Prezzo	Pris
Qualità	Kvalitet
Restauro	Restaurering
Scultura	Skulptur
Secolo	Århundrade
Stile	Stil
Valore	Värde
Vecchio	Gammal

Api
Bin

Ali	Vingar
Alveare	Bikupa
Benefico	Välgörande
Cera	Vax
Cibo	Mat
Diversità	Mångfald
Ecosistema	Ekosystem
Fiori	Blommor
Fiorire	Blomma
Frutta	Frukt
Fumo	Rök
Giardino	Trädgård
Habitat	Livsmiljö
Insetto	Insekt
Miele	Honung
Piante	Växter
Polline	Pollen
Regina	Drottning
Sciame	Svärm
Sole	Sol

Archeologia
Arkeologi

Analisi	Analys
Antichità	Antiken
Ceramica	Keramik
Civiltà	Civilisation
Dimenticato	Glömt
Discendente	Ättling
Era	Era
Esperto	Expert
Fossile	Fossil
Mistero	Mysterium
Oggetti	Objekt
Ossa	Ben
Professore	Professor
Reliquia	Relik
Ricercatore	Forskare
Sconosciuto	Okänd
Squadra	Team
Tempio	Tempel
Tomba	Grav
Valutazione	Utvärdering

Arrampicata
Klättring

Altitudine	Höjd
Atmosfera	Atmosfär
Casco	Hjälm
Curiosità	Nyfikenhet
Escursioni	Vandring
Esperto	Expert
Fisico	Fysisk
Formazione	Träning
Forza	Styrka
Grotta	Grotta
Guanti	Handskar
Guide	Guide
Lesione	Skada
Mappa	Karta
Sfide	Utmaningar
Stabilità	Stabilitet
Stivali	Stövlar
Stretto	Smal
Terreno	Terräng

Arte
Konst

Ceramica	Keramik
Complesso	Komplex
Creare	Skapa
Dipinti	Målningar
Espressione	Uttryck
Figura	Figur
Ispirato	Inspirerad
Onesto	Ärlig
Originale	Original
Personale	Personlig
Poesia	Poesi
Ritrarre	Skildra
Scultura	Skulptur
Semplice	Enkel
Simbolo	Symbol
Soggetto	Ämne
Surrealismo	Surrealism
Umore	Humör
Visivo	Visuell

Astronomia
Astronomi

Asteroide	Asteroid
Astronauta	Astronaut
Astronomo	Astronom
Cielo	Himmel
Cosmo	Kosmos
Costellazione	Konstellation
Equinozio	Dagjämning
Galassia	Galax
Gravità	Allvar
Luna	Måne
Meteora	Meteor
Nebulosa	Nebulosa
Osservatorio	Observatorium
Pianeta	Planet
Radiazione	Strålning
Razzo	Raket
Supernova	Supernova
Telescopio	Teleskop
Terra	Jord
Universo	Universum

Attività
Aktiviteter

Abilità	Färdighet
Arte	Konst
Artigianato	Hantverk
Attività	Aktivitet
Caccia	Jakt
Campeggio	Camping
Ceramica	Keramik
Cucire	Sömnad
Danza	Dans
Escursioni	Vandring
Fotografia	Fotografi
Giochi	Spel
Interessi	Intressen
Lettura	Läsning
Magia	Magi
Pesca	Fiske
Piacere	Nöje
Puzzle	Pussel
Rilassamento	Avkoppling
Tempo Libero	Fritid

Attività Commerciale
Företag

Bilancio	Budget
Carriera	Karriär
Costo	Kosta
Datore di Lavoro	Arbetsgivare
Dipendente	Anställd
Economia	Ekonomi
Fabbrica	Fabrik
Finanza	Finans
Investimento	Investering
Merce	Varor
Negozio	Butik
Profitto	Vinst
Reddito	Inkomst
Sconto	Rabatt
Società	Företag
Soldi	Pengar
Transazione	Transaktion
Ufficio	Kontor
Valuta	Valuta
Vendita	Försäljning

Avventura
Äventyr

Amici	Vänner
Attività	Aktivitet
Bellezza	Skönhet
Coraggio	Mod
Destinazione	Destination
Difficoltà	Svårighet
Entusiasmo	Entusiasm
Escursione	Utflykt
Gioia	Glädje
Insolito	Ovanlig
Itinerario	Resväg
Natura	Natur
Navigazione	Navigering
Nuovo	Ny
Opportunità	Möjlighet
Pericoloso	Farlig
Preparazione	Förberedelse
Sfide	Utmaningar
Sicurezza	Säkerhet
Viaggi	Resor

Balletto
Balett

Abilità	Färdighet
Applauso	Applåder
Artistico	Konstnärlig
Ballerina	Ballerina
Ballerini	Dansare
Compositore	Kompositör
Coreografia	Koreografi
Espressivo	Uttrycksfull
Gesto	Gest
Grazioso	Graciös
Intensità	Intensitet
Muscoli	Muskler
Musica	Musik
Orchestra	Orkester
Pratica	Öva
Prova	Repetition
Pubblico	Publik
Ritmo	Rytm
Stile	Stil
Tecnica	Teknik

Barbecue
Grillar

Caldo	Varm
Cena	Middag
Cibo	Mat
Cipolle	Lök
Coltelli	Knivar
Estate	Sommar
Fame	Hunger
Famiglia	Familj
Frutta	Frukt
Giochi	Spel
Griglia	Grill
Insalate	Sallader
Invito	Inbjudan
Musica	Musik
Pepe	Peppar
Pollo	Kyckling
Pomodori	Tomater
Pranzo	Lunch
Sale	Salt
Salsa	Sås

Bellezza
Skönhet

Colore	Färg
Cosmetici	Kosmetika
Elegante	Elegant
Eleganza	Elegans
Fascino	Charm
Forbici	Sax
Fotogenico	Fotogenisk
Fragranza	Doft
Grazia	Nåd
Liscio	Slät
Mascara	Mascara
Oli	Oljor
Pelle	Hud
Prodotti	Produkter
Riccioli	Lockar
Rossetto	Läppstift
Servizi	Tjänster
Shampoo	Schampo
Specchio	Spegel
Stilista	Stylist

Biologia
Biologi

Anatomia	Anatomi
Batteri	Bakterie
Cellula	Cell
Collagene	Kollagen
Cromosoma	Kromosom
Embrione	Embryo
Enzima	Enzym
Evoluzione	Evolution
Fotosintesi	Fotosyntes
Mammifero	Däggdjur
Mutazione	Mutation
Naturale	Naturlig
Nervo	Nerv
Neurone	Nervcell
Ormone	Hormon
Osmosi	Osmos
Proteina	Protein
Rettile	Reptil
Simbiosi	Symbios
Sinapsi	Synaps

Boxe
Boxning

Abilità	Färdighet
Angolo	Hörn
Arbitro	Domare
Avversario	Motståndare
Calcio	Sparka
Campana	Klocka
Combattente	Kämpe
Corde	Rep
Corpo	Kropp
Esaurito	Utmattad
Forza	Styrka
Fuoco	Fokus
Gomito	Armbåge
Guanti	Handskar
Mento	Haka
Pugno	Näve
Punti	Poäng
Rapido	Snabb
Recupero	Återhämtning

Caffè
Kaffe

Acido	Sur
Acqua	Vatten
Amaro	Bitter
Aroma	Arom
Arrostito	Rostad
Bevanda	Dryck
Caffeina	Koffein
Crema	Grädde
Filtro	Filter
Gusto	Smak
Latte	Mjölk
Liquido	Vätska
Macinare	Slipa
Mattina	Morgon
Nero	Svart
Origine	Ursprung
Prezzo	Pris
Tazza	Kopp
Varietà	Mängd
Zucchero	Socker

Campeggio
Camping

Alberi	Träd
Amaca	Hängmatta
Animali	Djur
Avventura	Äventyr
Bussola	Kompass
Cabina	Stuga
Caccia	Jakt
Canoa	Kanot
Cappello	Hatt
Corda	Rep
Divertimento	Roligt
Foresta	Skog
Fuoco	Eld
Insetto	Insekt
Lago	Sjö
Luna	Måne
Mappa	Karta
Montagna	Berg
Natura	Natur
Tenda	Tält

Casa
Hus

Attico	Vind
Biblioteca	Bibliotek
Camera	Rum
Camino	Skorsten
Chiavi	Nycklar
Cucina	Kök
Doccia	Dusch
Finestra	Fönster
Garage	Garage
Giardino	Trädgård
Lampada	Lampa
Parete	Vägg
Pavimento	Golv
Porta	Dörr
Recinto	Staket
Rubinetto	Kran
Scopa	Kvast
Specchio	Spegel
Tappeto	Matta
Tetto	Tak

Chimica
Kemi

Acido	Syra
Alcalino	Alkalisk
Atomico	Atom
Calore	Värme
Carbonio	Kol
Catalizzatore	Katalysator
Cloro	Klor
Elettrone	Elektron
Enzima	Enzym
Gas	Gas
Idrogeno	Väte
Ione	Jon
Liquido	Vätska
Molecola	Molekyl
Nucleare	Kärnkraft
Organico	Organisk
Ossigeno	Syre
Peso	Vikt
Sale	Salt
Temperatura	Temperatur

Cibo #1
Mat #1

Aglio	Vitlök
Basilico	Basilika
Cannella	Kanel
Carne	Kött
Carota	Morot
Cipolla	Lök
Fragola	Jordgubb
Insalata	Sallad
Latte	Mjölk
Limone	Citron
Menta	Mynta
Orzo	Korn
Pera	Päron
Rapa	Rova
Sale	Salt
Spinaci	Spenat
Succo	Juice
Tonno	Tonfisk
Torta	Kaka
Zucchero	Socker

Cibo #2
Mat #2

Banana	Banan
Broccolo	Broccoli
Ciliegia	Körsbär
Cioccolato	Choklad
Formaggio	Ost
Fungo	Svamp
Grano	Vete
Kiwi	Kiwi
Mela	Äpple
Melanzana	Äggplanta
Pane	Bröd
Pesce	Fisk
Pollo	Kyckling
Pomodoro	Tomat
Prosciutto	Skinka
Riso	Ris
Sedano	Selleri
Uovo	Ägg
Uva	Druva
Yogurt	Yoghurt

Cioccolato
Choklad

Amaro	Bitter
Antiossidante	Antioxidant
Arachidi	Jordnötter
Aroma	Arom
Cacao	Kakao
Calorie	Kalorier
Caramella	Godis
Caramello	Kola
Delizioso	Läcker
Dolce	Söt
Esotico	Exotisk
Gusto	Smak
Ingrediente	Ingrediens
Noce di Cocco	Kokos
Polvere	Pulver
Preferito	Favorit
Qualità	Kvalitet
Ricetta	Recept
Zucchero	Socker

Città
Staden

Aeroporto	Flygplats
Banca	Bank
Biblioteca	Bibliotek
Cinema	Bio
Clinica	Klinik
Farmacia	Apotek
Galleria	Galleri
Hotel	Hotell
Libreria	Bokhandel
Mercato	Marknad
Museo	Museum
Negozio	Lagra
Panetteria	Bageri
Ristorante	Restaurang
Scuola	Skola
Stadio	Stadion
Supermercato	Mataffär
Teatro	Teater
Università	Universitet
Zoo	Zoo

Corpo Umano
Människokroppen

Bocca	Mun
Caviglia	Fotled
Cervello	Hjärna
Collo	Hals
Cuore	Hjärta
Dito	Finger
Faccia	Ansikte
Gamba	Ben
Ginocchio	Knä
Gomito	Armbåge
Mano	Hand
Mento	Haka
Naso	Näsa
Occhio	Öga
Orecchio	Öra
Pelle	Hud
Sangue	Blod
Spalla	Axel
Stomaco	Mage
Testa	Huvud

Cucina
Kök

Bacchette	Ätpinnar
Bollitore	Vattenkokare
Brocca	Kanna
Cibo	Mat
Ciotola	Skål
Coltelli	Knivar
Congelatore	Frys
Cucchiai	Skedar
Forchette	Gafflar
Forno	Ugn
Frigorifero	Kylskåp
Grembiule	Förkläde
Griglia	Grill
Mestolo	Slev
Ricetta	Recept
Spezie	Kryddor
Spugna	Svamp
Tazze	Koppar
Tovagliolo	Servett
Vaso	Burk

Danza
Dansa

Accademia	Akademi
Arte	Konst
Classico	Klassisk
Compagno	Partner
Coreografia	Koreografi
Corpo	Kropp
Cultura	Kultur
Culturale	Kulturell
Emozione	Känsla
Espressivo	Uttrycksfull
Gioioso	Glad
Grazia	Nåd
Movimento	Rörelse
Musica	Musik
Postura	Hållning
Prova	Repetition
Ritmo	Rytm
Salto	Hoppa
Tradizionale	Traditionell
Visivo	Visuell

Diplomazia
Diplomati

Ambasciata	Ambassad
Ambasciatore	Ambassadör
Cittadini	Medborgare
Civico	Medborgerlig
Comunità	Gemenskap
Conflitto	Konflikt
Consigliere	Rådgivare
Cooperazione	Samarbete
Diplomatico	Diplomatisk
Discussione	Diskussion
Etica	Etik
Giustizia	Rättvisa
Governo	Regering
Integrità	Integritet
Politica	Politik
Risoluzione	Resolution
Sicurezza	Säkerhet
Soluzione	Lösning
Trattato	Fördrag
Umanitario	Humanitär

Discipline Scientifiche
Vetenskapliga Discipliner

Anatomia	Anatomi
Archeologia	Arkeologi
Astronomia	Astronomi
Biochimica	Biokemi
Biologia	Biologi
Botanica	Botanik
Chimica	Kemi
Ecologia	Ekologi
Fisiologia	Fysiologi
Geologia	Geologi
Immunologia	Immunologi
Linguistica	Lingvistik
Meccanica	Mekanik
Meteorologia	Meteorologi
Mineralogia	Mineralogi
Neurologia	Neurologi
Psicologia	Psykologi
Sociologia	Sociologi
Termodinamica	Termodynamik
Zoologia	Zoologi

Ecologia
Ekologi

Clima	Klimat
Comunità	Samhällen
Diversità	Mångfald
Fauna	Fauna
Flora	Flora
Globale	Global
Habitat	Livsmiljö
Marino	Marin
Natura	Natur
Naturale	Naturlig
Palude	Kärr
Piante	Växter
Risorse	Medel
Siccità	Torka
Sopravvivenza	Överlevnad
Sostenibile	Hållbar
Specie	Art
Varietà	Mängd
Vegetazione	Vegetation
Volontari	Frivilliga

Edifici
Byggnader

Ambasciata	Ambassad
Appartamento	Lägenhet
Cabina	Stuga
Castello	Slott
Cinema	Bio
Fabbrica	Fabrik
Fienile	Lada
Hotel	Hotell
Laboratorio	Laboratorium
Museo	Museum
Ospedale	Sjukhus
Osservatorio	Observatorium
Ostello	Vandrarhem
Scuola	Skola
Stadio	Stadion
Supermercato	Mataffär
Teatro	Teater
Tenda	Tält
Torre	Torn
Università	Universitet

Elettricità
El

Attrezzatura	Utrustning
Batteria	Batteri
Cavo	Kabel
Conservazione	Lagring
Elettricista	Elektriker
Elettrico	Elektrisk
Fili	Tråd
Generatore	Generator
Lampada	Lampa
Lampadina	Glödlampa
Laser	Laser
Magnete	Magnet
Negativo	Negativ
Oggetti	Objekt
Positivo	Positiv
Presa	Uttag
Quantità	Kvantitet
Rete	Nätverk
Telefono	Telefon
Televisione	Tv

Emozioni
Känslor

Amore	Kärlek
Beatitudine	Salighet
Contenuto	Innehåll
Eccitato	Upphetsad
Gentilezza	Vänlighet
Gioia	Glädje
Grato	Tacksam
Imbarazzato	Generad
Noia	Leda
Pace	Fred
Paura	Rädsla
Rabbia	Ilska
Rilassato	Avslappnad
Rilievo	Lättnad
Simpatia	Sympati
Soddisfatto	Nöjd
Sorpresa	Överraskning
Tenerezza	Ömhet
Tranquillità	Lugn
Tristezza	Sorg

Energia
Energi

Ambiente	Miljö
Batteria	Batteri
Benzina	Bensin
Calore	Värme
Carbonio	Kol
Carburante	Bränsle
Diesel	Diesel
Elettrico	Elektrisk
Elettrone	Elektron
Entropia	Entropi
Fotone	Foton
Idrogeno	Väte
Industria	Industri
Inquinamento	Förorening
Motore	Motor
Nucleare	Kärnkraft
Rinnovabile	Förnybar
Turbina	Turbin
Vapore	Ånga
Vento	Vind

Erboristeria
Herbalism

Aglio	Vitlök
Aneto	Dill
Aromatico	Aromatisk
Basilico	Basilika
Culinario	Kulinarisk
Dragoncello	Dragon
Finocchio	Fänkål
Fiore	Blomma
Giardino	Trädgård
Ingrediente	Ingrediens
Lavanda	Lavendel
Maggiorana	Mejram
Menta	Mynta
Origano	Oregano
Prezzemolo	Persilja
Qualità	Kvalitet
Rosmarino	Rosmarin
Timo	Timjan
Verde	Grön
Zafferano	Saffran

Escursionismo
Vandring

Acqua	Vatten
Animali	Djur
Campeggio	Camping
Clima	Klimat
Guide	Guide
Mappa	Karta
Montagna	Berg
Natura	Natur
Orientamento	Orientering
Parchi	Parker
Pericoli	Risker
Pesante	Tung
Pietre	Stenar
Preparazione	Förberedelse
Scogliera	Klippa
Selvaggio	Vild
Sole	Sol
Stanco	Trött
Stivali	Stövlar
Vertice	Toppmöte

Etica
Etik

Altruismo	Altruism
Compassione	Medkänsla
Cooperazione	Samarbete
Dignità	Värdighet
Diplomatico	Diplomatisk
Filosofia	Filosofi
Gentilezza	Vänlighet
Individualismo	Individualism
Integrità	Integritet
Onestà	Ärlighet
Ottimismo	Optimism
Pazienza	Tålamod
Ragionevole	Rimlig
Razionalità	Rationalitet
Realismo	Realism
Rispettoso	Respektfull
Saggezza	Visdom
Tolleranza	Tolerans
Umanità	Mänskligheten
Valori	Värden

Fantascienza
Science Fiction

Atomico	Atom
Cinema	Bio
Distopia	Dystopi
Esplosione	Explosion
Estremo	Extrem
Fantastico	Fantastisk
Fuoco	Eld
Futuristico	Trogen
Galassia	Galax
Illusione	Illusion
Immaginario	Imaginär
Libri	Böcker
Misterioso	Mystisk
Mondo	Värld
Oracolo	Orakel
Pianeta	Planet
Realistico	Realistisk
Robot	Robotar
Tecnologia	Teknik
Utopia	Utopi

Fattoria #1
Gård #1

Acqua	Vatten
Agricoltura	Jordbruk
Ape	Bi
Asino	Åsna
Campo	Fält
Cane	Hund
Capra	Get
Cavallo	Häst
Fertilizzante	Gödsel
Fieno	Hö
Gatto	Katt
Gregge	Flock
Maiale	Gris
Miele	Honung
Mucca	Ko
Pollo	Kyckling
Recinto	Staket
Riso	Ris
Semi	Frön
Vitello	Kalv

Fattoria #2
Gård #2

Agnello	Lamm
Agricoltore	Bonde
Alveare	Bikupa
Anatra	Anka
Animali	Djur
Cibo	Mat
Fienile	Lada
Frutta	Frukt
Frutteto	Fruktträdgård
Grano	Vete
Irrigazione	Bevattning
Lama	Lama
Latte	Mjölk
Mais	Majs
Oche	Gäss
Orzo	Korn
Pastore	Herde
Pecora	Får
Prato	Äng
Trattore	Traktor

Filantropia
Filantropi

Bambini	Barn
Bisogno	Behöver
Carità	Välgörenhet
Comunità	Gemenskap
Contatti	Kontakter
Finanza	Finans
Fondi	Medel
Generosità	Generositet
Gioventù	Ungdom
Globale	Global
Gruppi	Grupper
Missione	Uppdrag
Obiettivi	Mål
Onestà	Ärlighet
Persone	Människor
Programmi	Program
Pubblico	Offentlig
Sfide	Utmaningar
Storia	Historia
Umanità	Mänskligheten

Fiori
Blommor

Dente di Leone	Maskros
Gardenia	Gardenia
Gelsomino	Jasmin
Giglio	Lilja
Girasole	Solros
Ibisco	Hibiskus
Lavanda	Lavendel
Lilla	Lila
Magnolia	Magnolia
Margherita	Tusensköna
Mazzo	Bukett
Narciso	Påsklilja
Orchidea	Orkidé
Papavero	Vallmo
Passiflora	Passionflower
Peonia	Pion
Petalo	Kronblad
Plumeria	Plumeria
Trifoglio	Klöver
Tulipano	Tulpan

Fisica
Fysik

Accelerazione	Acceleration
Atomo	Atom
Caos	Kaos
Chimico	Kemisk
Densità	Densitet
Elettrone	Elektron
Espansione	Expansion
Formula	Formel
Frequenza	Frekvens
Gas	Gas
Gravità	Allvar
Magnetismo	Magnetism
Meccanica	Mekanik
Molecola	Molekyl
Motore	Motor
Nucleare	Kärnkraft
Particella	Partikel
Relatività	Relativitet
Universale	Universell
Velocità	Hastighet

Foresta Pluviale
Regnskog

Anfibi	Amfibier
Botanico	Botanisk
Clima	Klimat
Comunità	Gemenskap
Diversità	Mångfald
Giungla	Djungel
Indigeno	Inhemsk
Insetti	Insekter
Mammiferi	Däggdjur
Muschio	Mossa
Natura	Natur
Nuvole	Moln
Preservazione	Bevarande
Prezioso	Värdefull
Restauro	Restaurering
Rifugio	Tillflykt
Rispetto	Respekt
Sopravvivenza	Överlevnad
Specie	Art
Uccelli	Fåglar

Forme
Former

Angolo	Hörn
Arco	Båge
Bordi	Kanter
Cerchio	Cirkel
Cilindro	Cylinder
Cono	Kon
Cubo	Kub
Curva	Kurva
Ellisse	Ellips
Iperbole	Hyperbel
Lato	Sida
Linea	Linje
Ovale	Oval
Piramide	Pyramid
Poligono	Polygon
Prisma	Prisma
Quadrato	Torg
Rettangolo	Rektangel
Sfera	Sfär
Triangolo	Triangel

Forniture Artistiche
Konstmaterial

Acqua	Vatten
Acquerelli	Akvareller
Acrilico	Akryl
Argilla	Lera
Carbone	Träkol
Carta	Papper
Cavalletto	Staffli
Colla	Lim
Colori	Färger
Creatività	Kreativitet
Gomma	Suddgummi
Idee	Idéer
Inchiostro	Bläck
Matite	Pennor
Olio	Olja
Sedia	Stol
Spazzole	Borstar
Tavolo	Tabell
Telecamera	Kamera
Vernici	Färg

Forza e Gravità
Kraft och Gravitation

Asse	Axel
Attrito	Friktion
Centro	Centrum
Dinamico	Dynamisk
Distanza	Avstånd
Espansione	Expansion
Fisica	Fysik
Impatto	Effekt
Magnetismo	Magnetism
Meccanica	Mekanik
Movimento	Rörelse
Orbita	Omloppsbana
Peso	Vikt
Pianeti	Planeter
Pressione	Tryck
Proprietà	Egenskaper
Scoperta	Upptäckt
Tempo	Tid
Universale	Universell
Velocità	Hastighet

Frutta
Frukt

Albicocca	Aprikos
Ananas	Ananas
Arancia	Apelsin
Avocado	Avokado
Bacca	Bär
Banana	Banan
Ciliegia	Körsbär
Kiwi	Kiwi
Lampone	Hallon
Limone	Citron
Mango	Mango
Mela	Äpple
Melone	Melon
Mora	Björnbär
Nettarina	Nektarin
Papaia	Papaya
Pera	Päron
Pesca	Persika
Prugna	Plommon
Uva	Druva

Geografia
Geografi

Altitudine	Höjd
Atlante	Atlas
Città	Stad
Continente	Kontinent
Emisfero	Halvklot
Fiume	Flod
Isola	Ö
Latitudine	Breddgrad
Longitudine	Longitud
Mappa	Karta
Mare	Hav
Meridiano	Meridian
Mondo	Värld
Montagna	Berg
Nord	Norr
Ovest	Väst
Paese	Land
Regione	Område
Sud	Söder
Territorio	Territorium

Geologia
Geologi

Acido	Syra
Altopiano	Platå
Calcio	Kalcium
Caverna	Grotta
Continente	Kontinent
Corallo	Korall
Cristalli	Kristaller
Erosione	Erosion
Fossile	Fossil
Geyser	Gejser
Lava	Lava
Minerali	Mineraler
Pietra	Sten
Quarzo	Kvarts
Sale	Salt
Stalagmiti	Stalagmiter
Stalattite	Stalaktit
Strato	Lager
Terremoto	Jordbävning
Vulcano	Vulkan

Geometria
Geometri

Altezza	Höjd
Angolo	Vinkel
Calcolo	Beräkning
Cerchio	Cirkel
Curva	Kurva
Diametro	Diameter
Dimensione	Dimension
Equazione	Ekvation
Logica	Logik
Mediano	Median
Numero	Siffra
Orizzontale	Horisontell
Parallelo	Parallell
Proporzione	Andel
Segmento	Segment
Simmetria	Symmetri
Superficie	Yta
Teoria	Teori
Triangolo	Triangel
Verticale	Vertikal

Giardino
Trädgård

Albero	Träd
Amaca	Hängmatta
Cespuglio	Buske
Erba	Gräs
Erbacce	Ogräs
Fiore	Blomma
Frutteto	Fruktträdgård
Garage	Garage
Giardino	Trädgård
Pala	Skyffel
Panca	Bänk
Prato	Gräsmatta
Rastrello	Räfsa
Recinto	Staket
Stagno	Damm
Suolo	Jord
Terrazza	Terrass
Trampolino	Trampolin
Tubo	Slang
Vite	Vin

Giorni e Mesi
Dagar och Månader

Agosto	Augusti
Anno	År
Aprile	April
Calendario	Kalender
Dicembre	December
Domenica	Söndag
Febbraio	Februari
Gennaio	Januari
Giugno	Juni
Luglio	Juli
Lunedì	Måndag
Martedì	Tisdag
Mercoledì	Onsdag
Mese	Månad
Novembre	November
Ottobre	Oktober
Sabato	Lördag
Settembre	September
Settimana	Vecka
Venerdì	Fredag

Governo
Regeringen

Capo	Ledare
Cittadinanza	Medborgarskap
Civile	Civil
Costituzione	Konstitution
Democrazia	Demokrati
Discorso	Tal
Discussione	Diskussion
Giudiziario	Rättslig
Giustizia	Rättvisa
Indipendenza	Oberoende
Legge	Lag
Libertà	Frihet
Monumento	Monument
Nazionale	Nationell
Nazione	Nation
Politica	Politik
Quartiere	Distrikt
Simbolo	Symbol
Stato	Stat
Uguaglianza	Jämlikhet

Guida
Körning

Auto	Bil
Autobus	Buss
Carburante	Bränsle
Freni	Bromsar
Garage	Garage
Gas	Gas
Incidente	Olycka
Licenza	Licens
Mappa	Karta
Moto	Motorcykel
Motore	Motor
Pedonale	Fotgängare
Pericolo	Fara
Polizia	Polis
Sicurezza	Säkerhet
Strada	Väg
Traffico	Trafik
Trasporto	Transport
Tunnel	Tunnel
Velocità	Hastighet

I Media
Medium

Commerciale	Kommersiell
Comunicazione	Kommunikation
Digitale	Digital
Edizione	Utgåva
Educazione	Utbildning
Fatti	Fakta
Finanziamento	Finansiering
Foto	Foton
Giornali	Tidningar
Individuale	Enskild
Industria	Industri
Intellettuale	Intellektuell
Locale	Lokal
Online	Uppkopplad
Opinione	Åsikt
Pubblicità	Annons
Pubblico	Offentlig
Radio	Radio
Rete	Nätverk
Televisione	Tv

Imbarcazioni
Båtar

Albero	Mast
Ancora	Ankare
Barca a Vela	Segelbåt
Boa	Boj
Canoa	Kanot
Corda	Rep
Dock	Docka
Equipaggio	Besättning
Fiume	Flod
Kayak	Kajak
Lago	Sjö
Mare	Hav
Marea	Tidvatten
Marinaio	Sjöman
Motore	Motor
Nautico	Nautisk
Onde	Vågor
Traghetto	Färja
Yacht	Yacht
Zattera	Flotte

Ingegneria
Teknik

Angolo	Vinkel
Asse	Axel
Calcolo	Beräkning
Costruzione	Konstruktion
Diagramma	Diagram
Diametro	Diameter
Diesel	Diesel
Distribuzione	Distribution
Energia	Energi
Forza	Styrka
Ingranaggi	Redskap
Liquido	Vätska
Macchina	Maskin
Misurazione	Mätning
Motore	Motor
Profondità	Djup
Propulsione	Framdrivning
Rotazione	Rotation
Stabilità	Stabilitet
Struttura	Struktur

Jazz
Jazz

Album	Album
Applauso	Applåder
Artista	Konstnär
Batteria	Trummor
Canzone	Låt
Compositore	Kompositör
Concerto	Konsert
Enfasi	Betoning
Famoso	Känd
Genere	Genre
Improvvisazione	Improvisation
Musica	Musik
Nuovo	Ny
Orchestra	Orkester
Preferiti	Favoriter
Ritmo	Rytm
Stile	Stil
Talento	Talang
Tecnica	Teknik
Vecchio	Gammal

Letteratura
Litteratur

Analisi	Analys
Analogia	Analogi
Aneddoto	Anekdot
Autore	Författare
Biografia	Biografi
Conclusione	Slutsats
Confronto	Jämförelse
Descrizione	Beskrivning
Dialogo	Dialog
Genere	Genre
Metafora	Metafor
Opinione	Åsikt
Poesia	Dikt
Poetico	Poetisk
Rima	Rim
Ritmo	Rytm
Romanzo	Roman
Stile	Stil
Tema	Tema
Tragedia	Tragedi

Libri
Böcker

Autore	Författare
Avventura	Äventyr
Collezione	Samling
Contesto	Sammanhang
Dualità	Dualitet
Epico	Episk
Immersione	Nedsänkning
Letterario	Litterär
Lettore	Läsare
Narratore	Berättare
Pagina	Sida
Poesia	Poesi
Rilevante	Relevant
Romanzo	Roman
Scritto	Skrivs
Serie	Rad
Storia	Berättelse
Storico	Historisk
Tragico	Tragisk
Umoristico	Humoristisk

Malattia
Sjukdom

Acuto	Akut
Addominale	Buk
Allergie	Allergier
Contagioso	Smittsam
Corpo	Kropp
Cronico	Kronisk
Cuore	Hjärta
Debole	Svag
Ereditario	Ärftlig
Genetico	Genetisk
Immunità	Immunitet
Infiammazione	Inflammation
Lombare	Ländryggen
Neuropatia	Neuropati
Patogeni	Patogener
Polmonare	Pulmonell
Respiratorio	Respiratorisk
Salute	Hälsa
Sindrome	Syndrom
Terapia	Terapi

Mammiferi
Däggdjur

Balena	Val
Cane	Hund
Canguro	Känguru
Cavallo	Häst
Cervo	Rådjur
Coniglio	Kanin
Coyote	Prärievarg
Delfino	Delfin
Elefante	Elefant
Gatto	Katt
Giraffa	Giraff
Gorilla	Gorilla
Leone	Lejon
Lupo	Varg
Orso	Björn
Pecora	Får
Scimmia	Apa
Toro	Tjur
Volpe	Räv
Zebra	Zebra

Matematica
Matematik

Angoli	Vinklar
Aritmetica	Aritmetisk
Decimale	Decimal
Diametro	Diameter
Divisione	Division
Equazione	Ekvation
Esponente	Exponent
Frazione	Fraktion
Geometria	Geometri
Parallelo	Parallell
Perimetro	Omkrets
Perpendicolare	Vinkelrät
Poligono	Polygon
Quadrato	Torg
Raggio	Radie
Rettangolo	Rektangel
Simmetria	Symmetri
Somma	Summa
Triangolo	Triangel
Volume	Volym

Meditazione
Meditation

Accettazione	Godkännande
Attenzione	Uppmärksamhet
Calma	Lugn
Chiarezza	Klarhet
Compassione	Medkänsla
Emozioni	Känslor
Gentilezza	Vänlighet
Gratitudine	Tacksamhet
Mentale	Psykisk
Mente	Sinne
Movimento	Rörelse
Musica	Musik
Natura	Natur
Osservazione	Observation
Pace	Fred
Pensieri	Tankar
Postura	Hållning
Prospettiva	Perspektiv
Respirazione	Andas
Silenzio	Tystnad

Meteo
Väder

Arcobaleno	Regnbåge
Asciutto	Torr
Atmosfera	Atmosfär
Brezza	Bris
Cielo	Himmel
Clima	Klimat
Fulmine	Blixt
Ghiaccio	Is
Monsone	Monsun
Nebbia	Dimma
Nube	Moln
Polare	Polära
Siccità	Torka
Temperatura	Temperatur
Tempesta	Storm
Tornado	Tromb
Tropicale	Tropisk
Tuono	Åska
Uragano	Orkan
Vento	Vind

Misurazioni
Mått

Altezza	Höjd
Byte	Byte
Centimetro	Centimeter
Chilogrammo	Kilogram
Chilometro	Kilometer
Decimale	Decimal
Grado	Grad
Grammo	Gram
Larghezza	Bredd
Litro	Liter
Lunghezza	Längd
Massa	Massa
Metro	Meter
Minuto	Minut
Oncia	Uns
Peso	Vikt
Pollice	Tum
Profondità	Djup
Tonnellata	Ton
Volume	Volym

Mitologia
Mytologi

Archetipo	Arketyp
Comportamento	Beteende
Creatura	Varelse
Creazione	Skapande
Cultura	Kultur
Disastro	Katastrof
Divinità	Gudom
Eroe	Hjälte
Forza	Styrka
Fulmine	Blixt
Gelosia	Svartsjuka
Guerriero	Krigare
Immortalità	Odödlighet
Labirinto	Labyrint
Leggenda	Legend
Magico	Magisk
Mortale	Dödlig
Mostro	Monster
Tuono	Åska
Vendetta	Hämnd

Moda
Mode

Abbigliamento	Kläder
Boutique	Boutique
Caro	Dyr
Confortevole	Bekväm
Elegante	Elegant
Minimalista	Minimalistisk
Modello	Mönster
Moderno	Modern
Modesto	Blygsam
Originale	Original
Pizzo	Spets
Pratico	Praktisk
Pulsanti	Knappar
Ricamo	Broderi
Semplice	Enkel
Sofisticato	Sofistikerad
Stile	Stil
Tendenza	Trend
Tessuto	Tyg
Trama	Textur

Musica
Musik

Album	Album
Armonia	Harmoni
Armonico	Harmonisk
Ballata	Ballad
Cantante	Sångare
Cantare	Sjunga
Classico	Klassisk
Coro	Kör
Lirico	Lyrisk
Melodia	Melodi
Microfono	Mikrofon
Musicale	Musikalisk
Musicista	Musiker
Opera	Opera
Poetico	Poetisk
Registrazione	Inspelning
Ritmico	Rytmisk
Ritmo	Rytm
Strumento	Instrument
Vocale	Sång

Natura
Natur

Animali	Djur
Api	Bin
Artico	Arktisk
Bellezza	Skönhet
Deserto	Öken
Dinamico	Dynamisk
Erosione	Erosion
Fiume	Flod
Fogliame	Lövverk
Foresta	Skog
Ghiacciaio	Glaciär
Montagne	Berg
Nebbia	Dimma
Nuvole	Moln
Rifugio	Skydd
Santuario	Fristad
Selvaggio	Vild
Sereno	Lugn
Tropicale	Tropisk
Vitale	Avgörande

Numeri
Nummer

Cinque	Fem
Decimale	Decimal
Diciannove	Nitton
Diciassette	Sjutton
Diciotto	Arton
Dieci	Tio
Dodici	Tolv
Due	Två
Nove	Nio
Otto	Åtta
Quattordici	Fjorton
Quattro	Fyra
Quindici	Femton
Sedici	Sexton
Sei	Sex
Sette	Sju
Tre	Tre
Tredici	Tretton
Venti	Tjugo
Zero	Noll

Nutrizione
Näring

Amaro	Bitter
Appetito	Aptit
Bilanciato	Balanserad
Calorie	Kalorier
Carboidrati	Kolhydrater
Commestibile	Ätlig
Dieta	Kost
Digestione	Matsmältning
Fermentazione	Jäsning
Liquidi	Vätskor
Nutriente	Näringsämne
Peso	Vikt
Proteine	Proteiner
Qualità	Kvalitet
Salsa	Sås
Salute	Hälsa
Sano	Friska
Spezie	Kryddor
Tossina	Toxin
Vitamina	Vitamin

Oceano
Hav

Anguilla	Ål
Balena	Val
Barca	Båt
Corallo	Korall
Delfino	Delfin
Gamberetto	Räka
Granchio	Krabba
Maree	Tidvatten
Medusa	Manet
Onde	Vågor
Ostrica	Ostron
Pesce	Fisk
Polpo	Bläckfisk
Sale	Salt
Scogliera	Rev
Spugna	Svamp
Squalo	Haj
Tartaruga	Sköldpadda
Tempesta	Storm
Tonno	Tonfisk

Paesaggi
Landskap

Cascata	Vattenfall
Collina	Kulle
Deserto	Öken
Dune	Sanddyner
Fiume	Flod
Geyser	Gejser
Ghiacciaio	Glaciär
Grotta	Grotta
Iceberg	Isberg
Isola	Ö
Lago	Sjö
Mare	Hav
Montagna	Berg
Oasi	Oas
Palude	Träsk
Penisola	Halvö
Spiaggia	Strand
Tundra	Tundra
Valle	Dal
Vulcano	Vulkan

Paesi #1
Länder #1

Brasile	Brasilien
Cambogia	Kambodja
Canada	Kanada
Egitto	Egypten
Finlandia	Finland
Germania	Tyskland
India	Indien
Iraq	Irak
Israele	Israel
Libia	Libyen
Mali	Mali
Marocco	Marocko
Norvegia	Norge
Panama	Panama
Polonia	Polen
Romania	Rumänien
Senegal	Senegal
Spagna	Spanien
Venezuela	Venezuela
Vietnam	Vietnam

Paesi #2
Länder #2

Albania	Albanien
Danimarca	Danmark
Etiopia	Etiopien
Giamaica	Jamaica
Giappone	Japan
Grecia	Grekland
Haiti	Haiti
Indonesia	Indonesien
Irlanda	Irland
Laos	Laos
Liberia	Liberia
Messico	Mexico
Nepal	Nepal
Nigeria	Nigeria
Pakistan	Pakistan
Russia	Ryssland
Siria	Syrien
Sudan	Sudan
Ucraina	Ukraina
Uganda	Uganda

Piante
Växter

Albero	Träd
Bacca	Bär
Bambù	Bambu
Botanica	Botanik
Cactus	Kaktus
Cespuglio	Buske
Crescere	Växa
Edera	Murgröna
Erba	Gräs
Fagiolo	Böna
Fertilizzante	Gödsel
Fiore	Blomma
Flora	Flora
Fogliame	Lövverk
Foresta	Skog
Giardino	Trädgård
Muschio	Mossa
Petalo	Kronblad
Radice	Rot
Vegetazione	Vegetation

Professioni #1
Yrken # 1

Allenatore	Tränare
Ambasciatore	Ambassadör
Artista	Konstnär
Astronomo	Astronom
Avvocato	Advokat
Ballerino	Dansare
Banchiere	Bankir
Cacciatore	Jägare
Cartografo	Kartograf
Editore	Redaktör
Farmacista	Apotekare
Geologo	Geolog
Gioielliere	Juvelerare
Idraulico	Rörmokare
Infermiera	Sjuksköterska
Musicista	Musiker
Pianista	Pianist
Psicologo	Psykolog
Scienziato	Forskare
Veterinario	Veterinär

Professioni #2
Yrken # 2

Astronauta	Astronaut
Bibliotecario	Bibliotekarie
Biologo	Biolog
Chirurgo	Kirurg
Dentista	Tandläkare
Detective	Detektiv
Filosofo	Filosof
Fotografo	Fotograf
Giornalista	Journalist
Illustratore	Illustratör
Ingegnere	Ingenjör
Insegnante	Lärare
Inventore	Uppfinnare
Investigatore	Utredare
Linguista	Lingvist
Medico	Läkare
Pilota	Pilot
Pittore	Målare
Ricercatore	Forskare
Zoologo	Zoolog

Psicologia
Psykologi

Appuntamento	Utnämning
Clinico	Klinisk
Cognizione	Kognition
Comportamento	Beteende
Conflitto	Konflikt
Ego	Ego
Emozioni	Känslor
Esperienze	Erfarenheter
Idee	Idéer
Inconscio	Medvetslös
Infanzia	Barndom
Pensieri	Tankar
Percezione	Uppfattning
Personalità	Personlighet
Problema	Problem
Realtà	Verklighet
Sensazione	Känsla
Subconscio	Undermedvetna
Terapia	Terapi
Valutazione	Bedömning

Riscaldamento Globale
Global Uppvärmning

Ambientale	Miljö
Artico	Arktisk
Attenzione	Uppmärksamhet
Clima	Klimat
Conseguenze	Konsekvenser
Crisi	Kris
Dati	Data
Energia	Energi
Futuro	Framtid
Gas	Gas
Generazioni	Generationer
Governo	Regering
Habitat	Livsmiljöer
Industria	Industri
Legislazione	Lagstiftning
Ora	Nu
Popolazioni	Befolkningar
Scienziato	Forskare
Sviluppo	Utveckling
Temperature	Temperaturer

Salute e Benessere #1
Hälsa och Välbefinnande

Abitudine	Vana
Altezza	Höjd
Attivo	Aktiv
Batteri	Bakterie
Clinica	Klinik
Fame	Hunger
Farmacia	Apotek
Frattura	Fraktur
Medicina	Medicin
Medico	Läkare
Muscoli	Muskler
Nervi	Nerver
Ormoni	Hormoner
Pelle	Hud
Postura	Hållning
Riflesso	Reflex
Rilassamento	Avkoppling
Terapia	Terapi
Trattamento	Behandling
Virus	Virus

Salute e Benessere #2
Hälsa och Välbefinnande

Allergia	Allergi
Anatomia	Anatomi
Appetito	Aptit
Caloria	Kalori
Corpo	Kropp
Dieta	Kost
Digestione	Matsmältning
Disidratazione	Uttorkning
Energia	Energi
Genetica	Genetik
Igiene	Hygien
Infezione	Infektion
Malattia	Sjukdom
Massaggio	Massage
Nutrizione	Näring
Ospedale	Sjukhus
Peso	Vikt
Sangue	Blod
Sano	Friska
Vitamina	Vitamin

Scienza
Vetenskap

Atomo	Atom
Chimico	Kemisk
Clima	Klimat
Dati	Data
Esperimento	Experiment
Evoluzione	Evolution
Fatto	Faktum
Fisica	Fysik
Fossile	Fossil
Gravità	Allvar
Ipotesi	Hypotes
Laboratorio	Laboratorium
Metodo	Metod
Minerali	Mineraler
Molecole	Molekyler
Natura	Natur
Organismo	Organism
Osservazione	Observation
Particelle	Partiklar
Scienziato	Forskare

Spezie
Kryddor

Aglio	Vitlök
Amaro	Bitter
Anice	Anis
Cannella	Kanel
Cardamomo	Kardemumma
Cipolla	Lök
Coriandolo	Koriander
Cumino	Kummin
Curcuma	Gurkmeja
Curry	Curry
Dolce	Söt
Finocchio	Fänkål
Liquirizia	Lakrits
Noce Moscata	Muskot
Paprika	Paprika
Pepe	Peppar
Sale	Salt
Vaniglia	Vanilj
Zafferano	Saffran
Zenzero	Ingefära

Strumenti Musicali
Musikinstrument

Armonica	Munspel
Arpa	Harpa
Banjo	Banjo
Chitarra	Gitarr
Clarinetto	Klarinett
Fagotto	Fagott
Flauto	Flöjt
Gong	Gong
Mandolino	Mandolin
Marimba	Marimba
Oboe	Oboe
Percussione	Slagverk
Pianoforte	Piano
Sassofono	Saxofon
Tamburello	Tamburin
Tamburo	Trumma
Tromba	Trumpet
Trombone	Trombon
Violino	Fiol
Violoncello	Cello

Tempo
Tid

Anno	År
Annuale	Årlig
Calendario	Kalender
Decennio	Årtionde
Dopo	Efter
Futuro	Framtid
Giorno	Dag
Ieri	Igår
Mattina	Morgon
Mese	Månad
Mezzogiorno	Middag
Minuto	Minut
Notte	Natt
Oggi	Idag
Ora	Timme
Orologio	Klocka
Presto	Snart
Prima	Före
Secolo	Århundrade
Settimana	Vecka

Tipi di Capelli
Hårtyper

Argento	Silver
Asciutto	Torr
Bianco	Vit
Biondo	Blond
Breve	Kort
Calvo	Skallig
Colorato	Färgad
Grigio	Grå
Intrecciato	Flätad
Liscio	Slät
Lungo	Lång
Marrone	Brun
Morbido	Mjuk
Nero	Svart
Riccio	Lockigt
Riccioli	Lockar
Sano	Friska
Sottile	Tunn
Spessore	Tjock
Trecce	Flätor

Uccelli
Fåglar

Airone	Häger
Anatra	Anka
Aquila	Örn
Cicogna	Stork
Cigno	Svan
Cuculo	Gök
Falco	Hök
Fenicottero	Flamingo
Gabbiano	Mås
Oca	Gås
Pappagallo	Papegoja
Passero	Sparv
Pavone	Påfågel
Pellicano	Pelikan
Piccione	Duva
Pinguino	Pingvin
Pollo	Kyckling
Struzzo	Struts
Tucano	Toucan
Uovo	Ägg

Universo
Universum

Asteroide	Asteroid
Astronomia	Astronomi
Astronomo	Astronom
Atmosfera	Atmosfär
Buio	Mörker
Celeste	Himmelsk
Cielo	Himmel
Cosmico	Kosmisk
Emisfero	Halvklot
Galassia	Galax
Latitudine	Breddgrad
Longitudine	Longitud
Luna	Måne
Orbita	Omloppsbana
Orizzonte	Horisont
Solare	Sol
Solstizio	Solstånd
Telescopio	Teleskop
Visibile	Synlig
Zodiaco	Djurkretsen

Vacanze #2
Semester # 2

Aeroporto	Flygplats
Campeggio	Camping
Destinazione	Destination
Foto	Foton
Hotel	Hotell
Isola	Ö
Mappa	Karta
Mare	Hav
Passaporto	Pass
Ristorante	Restaurang
Spiaggia	Strand
Straniero	Utlänning
Taxi	Taxi
Tempo Libero	Fritid
Tenda	Tält
Trasporto	Transport
Treno	Tåg
Vacanza	Semester
Viaggio	Resa
Visto	Visum

Veicoli
Fordon

Aereo	Flygplan
Ambulanza	Ambulans
Auto	Bil
Autobus	Buss
Barca	Båt
Bicicletta	Cykel
Camion	Lastbil
Caravan	Husvagn
Elicottero	Helikopter
Metropolitana	Tunnelbana
Motore	Motor
Pneumatici	Däck
Razzo	Raket
Scooter	Skoter
Sottomarino	Ubåt
Taxi	Taxi
Traghetto	Färja
Trattore	Traktor
Treno	Tåg
Zattera	Flotte

Verdure
Grönsaker

Aglio	Vitlök
Broccolo	Broccoli
Carciofo	Kronärtskocka
Carota	Morot
Cetriolo	Gurka
Cipolla	Lök
Fungo	Svamp
Insalata	Sallad
Melanzana	Äggplanta
Patata	Potatis
Pisello	Ärta
Pomodoro	Tomat
Prezzemolo	Persilja
Rapa	Rova
Ravanello	Rädisa
Scalogno	Schalottenlök
Sedano	Selleri
Spinaci	Spenat
Zenzero	Ingefära
Zucca	Pumpa

Vestiti
Kläder

Abito	Klänning
Braccialetto	Armband
Camicetta	Blus
Camicia	Skjorta
Cappello	Hatt
Cappotto	Päls
Cintura	Bälte
Collana	Halsband
Giacca	Jacka
Gonna	Kjol
Grembiule	Förkläde
Guanti	Handskar
Jeans	Jeans
Maglione	Tröja
Moda	Mode
Pantaloni	Byxor
Pigiama	Pyjamas
Sandali	Sandaler
Scarpa	Sko
Sciarpa	Halsduk

Congratulazioni

Ce l'hai fatta!

Speriamo che questo libro vi sia piaciuto tanto quanto a noi è piaciuto concepirlo. Ci sforziamo di creare libri della più alta qualità possibile.
Questa edizione è progettata per fornire un apprendimento intelligente, di qualità e divertente!

Le è piaciuto questo libro?

Una Semplice Richiesta

Questi libri esistono grazie alle recensioni che pubblicate.

Puoi aiutarci lasciando una recensione
ora a questo link ?

BestBooksActivity.com/Recensioni50

SFIDA FINALE!

Sfida n°1

Sei pronto per il tuo gioco gratuito? Li usiamo sempre, ma non sono così facili da trovare - ecco i Sinonimi!
Scrivi 5 parole che hai trovato nei puzzle (n° 21, n° 36, n° 76) e prova a trovare 2 sinonimi per ogni parola.

Scrivi 5 parole del ***Puzzle 21***

Parole	Sinonimo 1	Sinonimo 2

Scrivi 5 parole del ***Puzzle 36***

Parole	Sinonimo 1	Sinonimo 2

Scrivi 5 parole del ***Puzzle 76***

Parole	Sinonimo 1	Sinonimo 2

Sfida n°2

Ora che ti sei riscaldato, scrivi 5 parole che hai trovato nei puzzle n° 9, n° 17 e n° 25 e cerca di trovare 2 contrari per ogni parola. Quanti ne puoi trovare in 20 minuti?

Scrivi 5 parole del ***Puzzle 9***

Parole	Antonimo 1	Antonimo 2

Scrivi 5 parole del ***Puzzle 17***

Parole	Antonimo 1	Antonimo 2

Scrivi 5 parole del ***Puzzle 25***

Parole	Antonimo 1	Antonimo 2

Sfida n°3

Grande! Questa sfida  non è niente per te!

Pronto per la sfida finale? Scegli 10 parole che hai scoperto nei diversi puzzle e scrivile qui sotto.

1.	6.
2.	7.
3.	8.
4.	9.
5.	10.

Ora scrivi un testo pensando a una persona, un animale o un luogo che ti piace.

Puoi usare l'ultima pagina di questo libro come bozza.

La tua composizione:

TACCUINO:

A PRESTO!

Tutta la Squadra

www.ingramcontent.com/pod-product-compliance
Lightning Source LLC
Chambersburg PA
CBHW082055120626
46553CB00011B/3413